Le mystère du satellite Planck

Groupe Eyrolles
61, bd Saint-Germain
75240 PARIS Cedex 05

www.editions-eyrolles.com

ISBN : 978-2-212-55732-9

Igor et Grichka Bogdanov
Préface de Luis Gonzalez-Mestres
Physicien, théoricien,
chercheur au CNRS

Le mystère du satellite Planck

EYROLLES

Table des matières

Préface

Igor et Grichka Bogdanov ont choisi un moment particulièrement opportun pour publier le présent ouvrage. Dans mes quatre décennies d'expérience en tant que physicien des particules au CNRS, je ne pense pas avoir vécu antérieurement une situation comparable. Ayant accédé récemment à la direction du laboratoire de cosmologie de l'université Megatrend[1], je suis très heureux de pouvoir travailler dans des domaines aussi passionnants et pleins de mystères que la physique des particules et la cosmologie.

La période récente nous a apporté des données expérimentales et observationnelles d'une qualité sans précédent sur l'origine de l'Univers ainsi que sur les constituants de la matière et leur

1. L'université Megatrend (http://www.megatrend-edu.net/), dont le siège est à Belgrade, développe des activités dans plusieurs pays dont la France.

dynamique. Analyser sur le plan scientifique ces résultats (Planck, AMS, CERN…) est indispensable. Rappeler l'historique qui y a conduit l'est également. Tels sont les objectifs de ce livre, réagissant à juste titre à une actualité unique.

Igor et Grichka Bogdanov sont bien connus du public. Ce n'est pourtant que très tardivement, en 2011, que j'ai pris connaissance de leurs recherches. Il est regrettable qu'une propagande injustifiée les ayant pris pour cible ait empêché une meilleure diffusion de ce matériel riche d'idées pionnières sur les fondements mêmes de la physique et sur ce qui a pu se passer avant le Big Bang. Tel est également mon domaine de recherche. Pendant deux décennies, les frères Bogdanov et moi avons travaillé de manière originale et indépendante sur des thématiques très proches concernant notamment la possible structure ultime de l'espace-temps et son développement primordial dans l'Univers. Nos approches sont différentes mais complémentaires et seront rappelées dans la postface.

En particulier, qu'il s'agisse de la fluctuation de la signature de la métrique de l'espace-temps envisagée par Igor et Grichka, ou de ma proposition d'un espace-temps spinoriel, dans les deux cas une courbure (naturellement positive) de l'espace est générée par la géométrie avant le Big Bang. Or mes travaux récents semblent mettre en évidence que cette courbure peut jouer un rôle cosmologique inattendu et décisif introduisant une relation d'un genre nouveau entre la vitesse d'expansion de l'Univers et la géométrie de l'espace.

Nos travaux ne sont pas des extrapolations des théories standard légèrement modifiées (de tels modèles existent déjà), mais des tentatives de construire un cadre géométrique et dynamique vraiment nouveau régissant la physique au-delà de l'échelle de Planck et la cosmologie d'avant le Big Bang. Reste à déterminer dans quelle mesure nous avons choisi la bonne direction.

Précisément, les événements récents et à venir pourraient bien ouvrir la voie à des vérifications expérimentales de certaines de nos hypothèses ou de celles d'auteurs concurrents, même si plus que jamais la prudence scientifique doit être la règle.

La parution, le 20 mars 2013[1], des nouveaux résultats de la mission Planck[2] était très attendue

1. Collaboration Planck, « Planck 2013 results. I. Overview of products and scientific results », http://arxiv.org/abs/1303.5062 et vingt-huit autres articles du même jour sur le site arxiv.org
2. http://public.planck.fr et http://www.esa.int/Our_Activities/Space_Science/Planck

dans le monde de la cosmologie. Une question essentielle dans l'interprétation de ces données remarquables était et reste ce que la collaboration Planck appelle « *Géométrie de l'espace et contenu de l'Univers*[1] », thématique sur laquelle autant Igor et Grichka que moi-même avons directement travaillé. Après la publication des données de Planck, le débat scientifique sur leur interprétation ne fait à mon sens que commencer. En particulier, que penser de l'appréciation de la collaboration Planck estimant que « *le modèle de concordance est confirmé*[2] » et que l'espace « *est plus plat que jamais* » ?

Le 3 avril, le prix Nobel Samuel Ting présentait les résultats[3] du spectromètre spatial AMS (*Alpha Magnetic Spectrometer*)[4] sur le spectre des positrons détectés dans le domaine d'énergie entre 0.5 et 350 GeV. Pour comparaison, l'énergie d'un proton au repos est de 0.938 GeV, le symbole GeV (gigaélectron-volt) désignant le milliard d'électron-volts. Peut-il s'agir d'une

1. http://public.planck.fr/resultats/207-geometrie-de-l-espace-et-contenu-de-notre-univers
2. À savoir le modèle basé sur l'inflation et sur des contributions dominantes de la matière sombre et de l'énergie noire à la densité d'énergie dans l'Univers.
3. http://physics.aps.org/featured-article-pdf/10.1103/PhysRevLett.110.141102
4. http://ams.nasa.gov/index.html et http://www.ams02.org/

signature de la matière sombre galactique ? La question reste ouverte.

Une semaine avant la diffusion des résultats de Planck, un communiqué[1] du CERN[2] annonçait que la particule mise en évidence en 2012 par les collaborations CMS et ATLAS « *ressemble de plus en plus à un boson de Higgs* », tout en précisant qu'il reste encore à déterminer « *s'il s'agit bien du boson de Higgs du modèle standard de la physique des particules* » et que « *répondre à cette question prendra du temps* ». D'où une certaine réserve dans les exposés actuels, malgré la portée incontestable de cette découverte quelle que soit sa signification concrète.

Dans la postface de ce livre, je présente au lecteur quelques réflexions envisageant des voies nouvelles pour tenter de répondre aux interrogations actuelles. La démarche scientifique originale, non soumise aux schémas d'un « programme » préétabli, paraît plus que jamais nécessaire.

Les résultats obtenus par les grandes collaborations (plus de cent laboratoires pour Planck,

1. Organisation européenne pour la recherche nucléaire (CERN), basée à Meyrin (canton de Genève, Suisse), http://home.web.cern.ch/fr/

2. http://home.web.cern.ch/fr/about/updates/2013/03/new-results-indicate-new-particle-higgs-boson

plus de cinquante pour AMS, plus de cent soixante-dix pour CMS ou ATLAS) sont d'une importance exceptionnelle et le fruit d'une longue série d'efforts au mérite incontestable. Mais ce serait une dangereuse erreur que de sous-estimer les travaux scientifiques entrepris par ceux qu'un certain système en place appelle des « individus », quel que soit leur statut professionnel. Y compris des chercheurs dits « isolés » qui ne travaillent pas forcément dans un grand laboratoire de leur spécialité, des précaires qui s'efforcent de mener à terme une recherche de leur cru, des collègues au profil interdisciplinaire… Les esprits indépendants sont indispensables dans la recherche, et la valeur scientifique ne saurait se résumer au contrôle de budgets importants et de grands moyens matériels.

Car tout compte fait, les grands programmes expérimentaux sont-ils autre chose que l'exécution des idées originales avancées dans un ensemble de travaux individuels ou de « petits groupes » qui les ont précédés ? Pas seulement des recherches théoriques, d'ailleurs. L'instrumentation scientifique est également riche de contributions individuelles.

Igor et Grichka nous rappellent encore ces réalités dans les pages qui suivent. Et ils soulignent en même temps le visage essentiel de la science, les valeurs qu'elle devrait incarner en toutes circonstances : celles d'une démarche généreuse, ouverte, inventive, désintéressée. Libre de proposer, d'imaginer et de créer, comme Doroshkevich et Novikov ont su le faire il y a cinquante ans, ouvrant la voie aux expériences de détection directe du rayonnement micro-onde fossile, y compris sur satellite. C'est de cette science que Grichka et Igor nous parlent avec bonheur.

Avec le satellite Planck et l'ensemble des expériences et missions de la période actuelle, l'humanité vient sans doute d'entrer dans une ère nouvelle de la connaissance. Grâce à la fantastique précision de ses mesures, un « astronome de métal » comme Planck a réussi à nous offrir des images inouïes de l'Univers naissant. De même que dans l'esquisse d'un peintre les traits épars des premiers coups de crayon se résolvent finalement en une figure claire et lisible, le sens profond de l'Univers primordial émerge progressivement pour les humains de la nuit cosmologique dans laquelle il était plongé. À eux de savoir le déchiffrer et l'interpréter.

Luis Gonzalez-Mestres

Introduction

Paris, le 21 mars 2013, à 9 heures.

Ce matin-là, l'effervescence des grands jours règne dans la salle de conférence de l'Agence spatiale européenne. Une euphorie mondiale. Explosive. Car c'est ce jour-là que vont être divulgués via Internet dans le monde entier – dans les grandes capitales et jusqu'au fin fond des forêts et des déserts de la planète – les résultats tant attendus du satellite Planck. Des résultats stupéfiants. S'ils se confirment en 2014, leur portée révolutionnaire risque de changer pour toujours notre vision du monde.

Le satellite Planck !

Ce prodigieux astronome de métal, imaginé en 1993, a été lancé le 14 mai 2009. Sa mission ? Explorer – jusqu'à la frontière du Big Bang – la toute première lumière émise par l'Univers. Une « lumière » très froide. À vrai dire, glaciale : à peine 2,72 degrés au-dessus du zéro absolu. La température naturelle la plus froide de l'Univers. À une exception près cependant. Il existe dans la constellation du Centaure, à 5 000 années-lumière de chez nous, une nébuleuse appelée Boomerang. Effroyablement refroidie par le souffle glacé d'une étoile éteinte, cette nébuleuse est tout juste à un degré au-dessus du zéro absolu. C'est l'endroit le plus froid de tout l'Univers connu. Encore plus froid que la glaciale radiation fossile.

Mais rapprochons-nous de notre mystérieux satellite.

*

D'abord un petit mot. Bien avant Planck, le premier satellite à avoir photographié le rayonnement fossile n'est ni européen ni même américain. En réalité, tout a commencé il y a un demi-siècle, derrière le rideau de fer. Nous sommes en janvier 1964 et cette année là, deux jeunes astrophysiciens soviétiques, Andreï Doroshkevich et Igor Novikov, publient un article qui va faire du bruit. Car leur idée sort de l'ordinaire ! Afin de détecter la trace froide du Big Bang prédite par leur compatriote Georges Gamow en 1948, les deux jeunes gens recommandent d'utiliser un satellite ! La vision paraît folle. Mais elle est prophétique. Car en 1983, les Soviétiques lancent le premier satellite astronomique de l'histoire. Son nom ? Prognoz 9. Il contient le détecteur Relikt 1, qui va fouiller la radiation fossile. C'était plus de six ans avant le satellite américain COBE. Et dix-sept ans avant WMAP, lui aussi américain. La route était ouverte. Planck est le quatrième engin spatial à l'emprunter.

À présent, allons rejoindre cet extraordinaire astronome de métal.

Nous voici dans l'espace, à un million et demi de kilomètres de chez nous. Tout est calme. La Voie lactée traverse en brume argentée des milliards d'étoiles jusqu'à l'infini. Nous sommes à côté de l'engin cosmique, protégés de la lumière et de la chaleur du

Soleil par l'ombre de notre planète. La machine, aussi grande qu'une voiture, suit tranquillement le mouvement de la Terre autour du Soleil tout en tournant sur elle-même à chaque minute. Ses réserves de liquide réfrigérant sont aujourd'hui épuisées et sa mission est presque terminée. Mais pendant 1 000 jours, heure après heure, jour après jour, année après année, Planck a fouillé le fond du ciel, à l'aide de son œil glacé. Un œil qui, après avoir été progressivement refroidi, est devenu encore plus froid que la nébuleuse gelée dans la constellation du Centaure. À peine un dixième de degré au-dessus du zéro absolu. Grâce à cette fantastique glaciation, l'astronome mécanique a pu « voir » loin et photographier le fond du ciel qui, en raison de l'expansion cosmique, se trouve aujourd'hui à 45 milliards d'années-lumière de chez nous ! Mais il a aussi été le photographe le plus follement précis de tous les temps. À tel point qu'il aurait pu distinguer de très loin – et photographier – un infime grain de poussière au sommet d'une montagne haute de 1 000 mètres. Ou encore ressentir la chaleur d'un oiseau sur la Lune depuis notre planète. Fort de cette sensibilité proprement unique, le fameux satellite (aujourd'hui mondialement célèbre) a pu photographier dans ses plus infimes détails la lumière la plus ancienne de tous les temps. Et sonder ainsi ce qui n'est autre que le lointain reflet du Big Bang. Ce faisant, notre astronome mécanique s'est trouvé face aux trois grands mystères qui, depuis toujours, hantent l'humanité. *Comment l'Univers a-t-il été créé ? Est-il gouverné par le hasard ou par un ordre profond ? Y avait-il « quelque chose » avant le Big Bang ?*

Pour la première fois, des débuts de réponses existent. Elles sont fascinantes. Nous allons les partager avec vous dans ce petit livre. Préparez-vous à un choc. Car après les révélations du fameux satellite, plus rien ne sera tout à fait comme avant.

*

Depuis ce fameux matin du 21 mars 2013, des centaines de sites dans le monde ont publié des milliers d'articles sur les fantastiques découvertes du satellite Planck.

Mais pour autant, il n'est pas si simple de trouver la « bonne » piste. Celle qui va vous permettre de prendre pleinement la mesure de ce qu'a trouvé Planck au fond du ciel. Et en quoi c'est tellement important pour chacun d'entre nous. Notre but ici est de vous guider pas à pas, pour que vous puissiez vous repérer. Et comprendre *vraiment* ce que ce merveilleux satellite, issu d'une technologie vertigineuse, cherche à vous dire. Planck nous ramène des trésors inouïs. Des choses et des détails encore jamais vus. Certains de ces trésors (comme l'âge de l'Univers : 13 milliards 820 millions d'années) ont été divulgués dès le 21 mars. Mais d'autres (par exemple ce qui s'est passé au début de la première seconde, ou encore l'énergie noire) demeurent dans le secret des laboratoires. Ce sont d'abord ces phénomènes encore mal connus que nous allons explorer dans ce livre. Tout en prenant le contre-pied, lorsque c'est nécessaire, de certaines affirmations qui nous semblent infondées, voire tout simplement fausses. Comme cette étrange croyance, régulièrement martelée, selon laquelle l'Univers serait « plus plat que jamais[1] » (selon le commentaire du site public de Planck). En réalité, une exploration mathématique un peu approfondie et, surtout, l'analyse non biaisée des données fournies par Planck montrent qu'il n'en est rien.

Mais ce n'est pas tout.

Au fil de ses observations et des milliers de photos qu'il a réalisées, Planck a débusqué tout au fond du ciel certaines choses étranges. Jamais vues. Comme des ombres mystérieuses que les membres de la mission appellent des « anomalies ». On connaissait déjà leur existence. Mais cette fois, un peu comme des archéologues qui ôtent la poussière d'un vestige, les membres de la mission Planck sont parvenus à « dépoussiérer » certains détails. Et à découvrir des phénomènes qui ne cadrent pas avec l'idée que l'on se faisait jusqu'ici de notre Univers. Nous allons nous rapprocher de ces énigmes gravées au fond de la lumière fossile. Soyez prêt à tout ! Car ce que vous allez découvrir est si inattendu, si mystérieux, que les spécialistes perdent pied et ne peuvent proposer aucune

1. http://public.planck.fr/resultats/207-geometrie-de-l-espace-et-contenu-de-notre-univers

explication. Devenues en quelques jours un sujet brûlant, ces fameuses anomalies menacent de faire purement et simplement voler en éclats les limites de la science actuelle. Un indice de cette interrogation radicale – et du profond mystère qu'elle désigne – se trouve sur le site officiel de Planck. On peut en effet y lire, à propos des anomalies, cette question en gros titre : « Est-ce un mystère ? » Et la réponse tombe, sans détour : « Aucune explication satisfaisante n'a été trouvée. Effets locaux, géométries compliquées… Nombre de scénarios exotiques ont été testés. Si certains permettent d'améliorer une partie des problèmes, ils buttent sur d'autres aspects. Bref, on ne sait pas[1]… » De fait, cet aveu nous fait entrevoir l'abîme sur lequel débouchent les observations de Planck. Et justement, la saisissante nouvelle est là. Car ces phénomènes vont nous mener tout droit vers les trois mystères dont nous avons parlé plus haut : *d'où vient l'Univers ? Est-il gouverné par le hasard ? Qu'y avait-il « avant » le Big Bang ?*

1. http://public.planck.fr/resultats/203-l-univers-a-grande-echelle-n-est-pas-vraiment-celui-qu-on-attendait

Arrêtons-nous un instant. Sur le site du satellite, on découvre que les écarts entre les parties « chaudes » et « froides » du rayonnement fossile n'excèdent pas quelques millionièmes de degré. Un écart vertigineusement faible. D'où vient-il ? Déjà en 1994, le prix Nobel George Smoot proclame dans le livre qu'il a consacré à ces infimes différences de température : « *Nous ne sommes pas le résultat d'un simple accident cosmique*[1]. » De fait, la première lumière de l'Univers semble « réglée » au millionième près. Par quel « miracle » ? Comment est-ce possible ?

*

Mais plus profonde encore que la question du comment, il y a celle du pourquoi. Nous voici en 1714 au cœur de l'Empire autrichien. Deux ans plus tôt, le grand philosophe Leibniz a été nommé conseiller impérial à la cour des Habsbourg. Vienne et ses fontaines fleuries de roses forment un miroir où se reflètent doucement, en même temps que le ciel de nuit, les pensées du savant.

1. George Smoot, *Les Rides du temps*, Flammarion, 1994.

Puis c'est l'Allemagne et la puissante cité de Hanovre. Cette année-là, son protégé le duc de Brunswick, prince Électeur de Hanovre, devient roi d'Angleterre sous le nom de George Ier. Mais il n'invitera pas Leibniz à le suivre à Londres avec le reste de la cour. Revenu tout entier à la métaphysique, le philosophe compose alors son magnifique essai sur la grâce de la Nature et y lance cette formidable interpellation, comme un cri dans la nuit : « Pourquoi y a-t-il quelque chose plutôt que rien ? » Depuis, la question a été soulevée mille fois, entre autres par l'ombrageux métaphysicien allemand Martin Heidegger. Sans réponse. Pourtant, avec les monumentales expérimentations du XXIe siècle – le boson de Higgs, le satellite Planck –, l'énigme a soudain resurgi dans la science. Et pour la première fois, elle débouche sur des fragments de réponse touchant à l'origine de la cette mystérieuse réalité dans laquelle nous vivons. De l'air parfumé qui entre par la fenêtre un beau matin d'été. De l'herbe qui frissonne dans le vent clair. De notre monde.

*

Le temps est donc venu d'en savoir plus ! Pour cela, nous allons reprendre la route que nous avions ouverte au début des années 2000. Pour aller où ? Jusqu'à cette région encore inconnue – presque interdite – qui se situe *avant* le Big Bang ! Lorsque nous avons publié nos recherches, dans des revues scientifiques entre 2000 et 2002 puis dans des ouvrages grand public à partir de 2004, nous avons déclenché une furieuse tempête à travers le monde. À l'époque, il était encore impossible de parler de ce qui avait pu exister avant le Big Bang. Mais depuis, les mentalités ont évolué et le satellite Planck est passé par là ! Pour preuve, juste après la fameuse conférence de presse du 21 mars 2013 au siège de l'ESA, l'astrophysicien George Efstathiou, de l'université de Cambridge, l'un des membres les plus influents de la mission Planck, n'a pas hésité un seul instant à affirmer à la face du monde : « Il est parfaitement possible que l'Univers ait connu une phase avant le Big Bang, qui ait vraiment existé, et que l'on puisse suivre l'histoire de l'Univers jusqu'à cette période précédant le Big Bang[1]. »

1. http://www.euronews.com/2013/03/21/planck-maps-the-dawn-of-time/

Avant le Big Bang !

Déjà en 2006 le physicien théoricien Marc Kamionkowski, professeur à l'université Johns Hopkins, avait lancé, au risque de s'attirer les foudres de ses collègues : « Il n'est plus complètement fou de se demander ce qui s'est passé avant le Big Bang[1]. » Encore plus direct, Sean Carroll, physicien de premier plan à Caltech, avait lâché en 2010 : « Les scientifiques pensent de plus en plus sérieusement que le Big Bang n'est pas vraiment le commencement, mais juste une phase que traverse l'Univers[2]. » La même année, sir Roger Penrose, le célèbre leader de l'École mathématique d'Oxford, s'était jeté à son tour dans la bataille avec un livre publié sous ce titre choc : *Que s'est-il passé avant le Big Bang ?*[3] Une interrogation sans détour, reprise trois ans plus tard par l'agence d'information scientifique Science-Presse. Après avoir découvert l'existence des fameuses « anomalies » photographiées par Planck, l'agence, pourtant réputée pour

1. http://media.caltech.edu/press_releases/13218, 2008
2. Sean Carroll, *From Eternity To Here,* Dutton, 2010.
3. Vintage, 2010.

sa prudence, n'a pas rechigné, le 25 mars 2013, à poser sérieusement cette question retentissante : « Pourrait-il s'agir du résidu de quelque chose survenu “avant” *le* Big Bang[1] ? » Bref, ce qui était impensable – pire encore, *condamnable* – il y a à peine dix ans ne l'est plus du tout aujourd'hui. La meilleure preuve de ce surprenant virage se trouve officiellement sur le site même du satellite Planck. On peut y lire en toutes lettres dans une rubrique hardiment intitulée « Avant le Big Bang » la question autrefois interdite : « *Peut-on voir des traces de l'avant-Big Bang*[2] *?* »

C'est ce que nous allons voir dans ce livre, en partant de l'idée – partagée par certains membres de la mission Planck – qu'une part de la solution aux mystères les plus criants révélés par le satellite pourrait bien se trouver dans une phase de l'Univers située *avant* la naissance de l'espace, du temps et de la matière. Avant le Big Bang.

1. http://www.sciencepresse.qc.ca/actualite/2013/03/25/cosmos-metaphores
2. http://public.planck.fr/notre-univers/avant-big-bang#la-mission

À coup sûr, ces lames de couleur inexpliquées au fond de l'espace vous communiqueront un tel vertige que vous ne pourrez plus regarder le ciel comme avant. Et qu'il vous sera peut-être même possible d'y déceler un sens nouveau pour l'Univers et la place que vous y occupez.

Chapitre 1

Le Big Bang a-t-il laissé une trace dans le ciel ?

Par ce beau matin du 13 septembre 1946, les feuilles des grands marronniers commencent à joncher le sentier qui traverse le parc de l'université George Washington. Les échos métalliques de la guerre s'effacent lentement et l'Amérique comme le reste du monde s'apprêtent à entrer en douceur dans une longue période de paix.

À grandes enjambées, le bouillant savant russe George Gamow et son ami de toujours, le physicien hongrois Edward Teller, viennent d'entamer leur promenade du jour.

Gamow n'est pas n'importe qui. À l'université de Petrograd, ce grand blondinet, colonel de l'Armée rouge à vingt ans, a été l'élève d'Alexander Friedmann, le précurseur aujourd'hui mythique de la théorie du Big Bang. Dès son arrivée en 1923, Gamow a fait alliance avec les meilleurs. Des jeunes, surdoués comme lui. Lev Landau, qui a passé son bac à treize ans et calcule de tête comme personne. Matveï Bronstein, qui, à seize ans, connaît la relativité mieux que ses professeurs. Dmitri Ivanenko, qui, là où les autres calent, trouve toujours une solution. Bientôt, les quatre jeunes ne se quittent plus. Pour tous, ils sont « les Quatre Mousquetaires ». Tout comme Friedmann leur professeur, ils croient dur comme fer que l'Univers n'est pas éternel. Qu'il a eu un commencement. Mais comment le prouver ? Les Quatre Mousquetaires se jurent d'apporter un jour une réponse.

*

Revenons à Gamow. Il jongle avec les langues sans le moindre effort. Dessinateur génial, il peut ridiculiser en trois coups de crayon ceux qui ne lui plaisent pas. Son imagination galopante n'a pas de limites. Il n'a que vingt-quatre ans lorsque, en 1928, les yeux noircis par les calculs, il perce le mystère de la radioactivité alpha. D'un seul coup, il met le monde de la physique théorique à ses pieds. Le charismatique Niels Bohr (le père de cette étrange mécanique de l'infiniment petit qu'est la théorie quantique) l'invite au pas de charge à le rejoindre dans son laboratoire de Copenhague, temple mondial de la physique théorique. Puis c'est la consécration avec son entrée, à tout juste vingt-sept ans, à l'Académie des sciences soviétique. Du jamais-vu.

Et Teller ? Lui aussi est d'un haut lignage scientifique. Mathématicien prodige dans ses jeunes années, incroyablement doué pour le piano, il passe une thèse de doctorat étincelante en 1930 sous la direction de Heisenberg, l'inoubliable père du principe d'incertitude de la mécanique quantique. Comme un succès en appelle un autre, le voilà à son tour invité cette année-là par Niels Bohr dans son laboratoire à Copenhague.

C'est là qu'il rencontre pour la première fois Gamow. Toujours à l'affût d'idées originales, le jeune Russe s'était acheté une moto surpuissante avec laquelle il entraînait Teller, Landau et Bohr dans des chevauchées endiablées. Pour que le « voyage » soit plus saisissant, Gamow avait même vidé les pots d'échappement, de sorte que la machine faisait un bruit d'enfer. Comment des liens pareils pourraient-ils être un jour détruits ? Hélas, tout a une fin. En 1931, le visa de Gamow expire et il est contraint de retourner en URSS. Teller, lui, toujours attiré par les mathématiques, jette son dévolu sur l'université de Göttingen, dont le flambeau, entretenu depuis une quarantaine d'années par l'extraordinaire David Hilbert, brille toujours au firmament de la science. Deux années délicieuses dans les collines de Basse-Saxe où il rencontre les plus grands.

*

Mais en 1933, tout bascule. Hitler arrive au pouvoir. Pour un Juif, vivre en Allemagne va vite devenir un cauchemar.

Assez perdu de temps ! Pour Teller, la seule solution est dans la fuite. Il s'en est fallu de peu qu'il ne finisse broyé dans les griffes des nazis. Quant à Gamow, le climat n'est guère plus enviable en Russie. Staline a progressivement éliminé tous ses opposants politiques et il commence à s'en prendre aux intellectuels. Le jeune physicien sent que le régime va se durcir et frapper en premier ceux qui, comme lui et ses amis, osent défier le sacro-saint matérialisme marxiste. Sans demander son reste, il franchit le rideau de fer. La Russie est désormais derrière lui et il n'y retournera plus jamais. Condamné à mort par les bolcheviques pour haute trahison, c'est tout auréolé de gloire qu'il arrive en 1934 à l'université George Washington. Il y décroche très vite un poste de professeur et, depuis, son étoile ne cesse de monter.

Les deux jeunes savants se retrouveront en 1935, en Amérique. Gamow se souvient comme si c'était hier du jour où il a fait des pieds et des mains pour faire nommer ce jeune homme de vingt-sept ans professeur à l'université George Washington (avec le salaire royal de 5 000 dollars par an). Les deux immigrés ont étroitement travaillé ensemble jusqu'en 1941. Avec succès ! C'est à eux que l'on doit la précieuse règle de Gamow-Teller, qui a permis l'élucidation des plus grands mystères de la radioactivité bêta. Mais peu à peu, Gamow a pris ses distances. Sans trop se poser de questions, son ami est entré dans l'équipe du projet Manhattan. Il a même fait suivre à grands frais son piano dans le baraquement qu'il va occuper à Los Alamos, au milieu du désert. Et tout ça ne plaît pas à Gamow. Dans son for intérieur, le jeune Russe n'est pas favorable à la bombe atomique. Le 16 juillet 1945, le sinistre engin de mort a explosé pour la première fois dans l'histoire humaine. À 9 kilomètres de là, ensevelis au fond de leur bunker, les spectateurs du désastre ont été éblouis par l'éclair atroce, malgré leurs épaisses lunettes noires. Quarante secondes interminables se sont écoulées avant qu'ils n'entendent jusqu'à la moelle le grondement porté par la démentielle onde de choc. Pendant ce temps, lentement, sans limites, en se tordant sur lui-même, l'effrayant champignon atomique a grimpé vers les hauteurs béantes, à plus de

12 000 mètres, engloutissant tout dans les ténèbres. Ce jour-là, livide, le regard brouillé par les larmes, Robert Oppenheimer, le père de l'engin détesté, a balbutié les mots les plus terribles du *Bhagavad-Gita*, le poème sacré : « Je suis la mort. Le destructeur des mondes. »

Gamow grince des dents. Il y a encore pire. En août 1945, à Hiroshima, la funeste bombe A tue d'un coup 75 000 Japonais et rase entièrement la ville ! Sur les 64 kilos d'uranium que contenait l'engin de mort, un demi-gramme à peine a été transformé en énergie. Mais cela a suffi à provoquer cette explosion de cauchemar !

Comment se remettre d'une épreuve pareille ?

Tout en marchant dans l'air matinal, les deux savants donnent de temps en temps des petits coups de pied aux marrons à demi éclatés sous les feuilles. À qui les enverra le plus loin. Teller suit, mal à l'aise. Victime d'un accident en Allemagne à l'âge de vingt ans, il a été amputé du pied droit et avance en claudiquant. Mais s'il a fait l'effort de venir de Chicago jusqu'ici, c'est qu'il a certaines questions à poser à Gamow. Des choses qui ne peuvent pas attendre. Car depuis quelques mois, le physicien hongrois s'est lancé éperdument dans ce qui allait devenir la grande aventure de sa vie : la bombe à hydrogène ! Une bombe mille fois plus puissante que celle d'Hiroshima !

*

Peut-être est-ce en raison de cette sinistre idée fixe que le physicien Isidor Isaac Rabi, lui aussi d'origine hongroise et qui vient d'obtenir le prix Nobel deux ans plus tôt, en 1946, marmonne, furieux : « Le monde serait meilleur sans Edward Teller ! » Peut-être aussi se souvient-il que c'est lui, Teller, qui en 1939 a servi de chauffeur aux deux physiciens Leo Szilard et Eugene Wigner (encore deux autres Hongrois !) pour rencontrer Einstein dans sa résidence d'été à New York. À eux trois, ils l'ont convaincu de signer la fameuse lettre qui a décidé le président Roosevelt à lancer la fabrication de l'arme atomique. Quinze ans plus tard, dévasté, Einstein dira qu'il regrette amèrement d'avoir signé cette lettre. Pacifiste convaincu, Rabi mettra toute son énergie à fonder le CERN (d'où émergera, bien plus tard, le célèbre boson de Higgs) tandis que Teller dépensera la sienne – jusqu'au bout de lui-même – à déclencher le titanesque feu nucléaire.

En attendant, il en est encore loin.

Pire ! Son modèle est faux, ce qui est sans doute à l'origine du retard pris par les Soviétiques qui l'ont espionné et ont recopié aveuglément ses erreurs. Tout cela, Teller l'ignore. Mais Gamow, dont l'intuition surplombe d'une bonne tête celle de son ami, se doute que quelque chose ne va pas dans les calculs de son collègue. Les processus nucléaires n'ont que peu de secrets pour Gamow. Teller le sait et il s'est juré de ne pas rentrer de sa promenade les mains vides. Peine perdue ! Le Hongrois a beau le presser de questions, Gamow reste évasif, répond à côté et, agacé, finit par hausser les épaules. D'abord parce qu'il n'a aucune envie d'éclairer le chemin de son ami vers la bombe H. Bien au contraire. Mais aussi parce qu'il a autre chose en tête de bien plus important. Quoi donc ? Il ne peut s'empêcher de serrer les poings d'enthousiasme. Car c'est ce jour-là qu'est paru son fameux article dans la *Physical Review*. Et quel article ! Tout est dans le titre : « L'expansion de l'Univers et l'origine des éléments[1] ». Pour la première fois émerge l'idée que loin dans le passé, plusieurs milliards d'années en arrière, l'Univers était chaud. Très chaud. Des milliards de degrés. Et le scénario est déjà là, dans cette seule phrase : « Pour revenir à notre problème de la formation des éléments, l'on voit que les conditions nécessaires pour les réactions nucléaires rapides n'ont existé que pendant un temps très court. » En effet, seulement quelques minutes après le Big Bang pour l'hydrogène. Mais Gamow ne s'arrête pas en si bon chemin. En filigrane apparaît, là aussi pour la première fois, l'idée d'une trace laissée dans le ciel par cette formidable explosion primordiale. Le raisonnement de Gamow est simple. Si l'Univers résulte bel et bien d'une déflagration brûlante à l'origine, celle-ci a forcément laissé une empreinte visible quelque part ! Une lueur très froide

1. 1. G. Gamow, « Expanding Universe and the Origin of Elements », *Physical Review*, 70-572, 1946.

doit subsister. Le fantôme du Big Bang !

Tout en écoutant Teller d'une oreille distraite, Gamow calcule dans sa tête que la température de cette première lumière doit être d'environ 7 degrés au-dessus du zéro absolu. Tandis qu'ils rebroussent chemin, Teller se rend compte qu'il ne tirera rien de son compagnon de promenade. Et il ne saura jamais que c'est ce jour-là, entre deux sentiers tapissés de feuillages, qu'est né le premier modèle réaliste du rayonnement fossile.

Deux ans plus tard, le 1er avril 1948, cette idée sera explicitement développée dans le fameux article cosigné par Gamow et son élève Ralph Alpher. Cette fois, tous les détails y sont. Il ne restait plus qu'à observer enfin la radiation primordiale pour être vraiment certain que le Big Bang avait bel et bien eu lieu, sous la forme d'une boule de feu, des milliards d'années en arrière.

*

Cette preuve, Gamow l'attendra pendant presque vingt ans. Entre-temps, Teller a réussi à faire exploser sa bombe à hydrogène. Plusieurs fois, au début des années 1950, terré dans son bunker, le visage vidé de son sang, le physicien hongrois a assisté au déchaînement démentiel du feu qu'il a fait naître. Reste que la bombe donne une idée à Gamow. Elle se comporte plus ou moins comme une sorte de Big Bang à l'envers. Au lieu de détruire l'hydrogène, le Big Bang le fabrique ! Puisque, des mois après l'explosion, la radioactivité se fait toujours sentir, pourquoi n'en irait-il pas de même pour le Big Bang ? Plus que jamais Gamow est certain que la trace fossile doit être là, quelque part. Tout près même ! On pourrait presque la toucher ! Il le martèle à qui veut l'entendre, dans ses cours comme dans les bars, entre deux verres de vodka. Et bien sûr, il écrit tout cela en détail, dans ses articles et ses livres de vulgarisation.

Mais bizarrement, le flamboyant physicien a beau émailler ses exposés d'exemples croustillants, multiplier les petites blagues et les révélations choc, rien n'y fait ! Ses idées ne « passent » pas. Ni auprès de ses collègues ni même auprès du grand public.

Et c'est tout le paradoxe. À partir de 1948, la recherche de la première lumière de l'Univers aurait dû déclencher une quête haletante. Mais c'est loin d'être le cas. Les coups assenés depuis Cambridge par Fred Hoyle, féroce adversaire du Big Bang, commencent à porter. On ne se bouscule plus aux conférences données par Gamow et ses élèves, Alpher et Herman. Peu à peu, la curiosité suscitée par les idées du trio retombe. Dans la tranquille Amérique des années 1950, on pense de moins en moins au Big Bang. Tout compte fait, on préfère croire qu'après tout, rien ne bouge sous le soleil. Il est même plus « confortable » d'imaginer que l'Univers est éternel plutôt que le contraire. Au fond, ces histoires de commencement (avec Dieu au milieu) compliquent tout. Résultat : Gamow se détourne peu à peu de la cosmologie et finit par l'abandonner presque totalement vers la fin de la décennie. Désormais, c'est vers la biologie que vont ses faveurs. Et Alpher ? Il en a assez de l'indifférence de ses collègues. Sans parler de leurs mauvais jeux de mots sur le « petit bang » chaque fois qu'il décapsule une bouteille de bière devant eux. Il va tourner le dos à l'université. Et au Big Bang. Quant à Herman, il déserte les amphithéâtres et se lance dans l'industrie automobile, chez General Motors.

Pour les rares partisans du Big Bang, la fête semble finie. Les derniers lampions se sont éteints dans l'indifférence.

*

Pourtant, bien des années plus tard, en 1964, le flambeau va se rallumer. Où donc ? Là où on ne l'attendait pas. Dans la lointaine Russie, derrière le rideau de fer. Là-bas, deux jeunes gens – ils ont moins de trente ans – n'ont rien oublié. Rien laissé au hasard. Ils ont lu et relu des dizaines de fois, ligne à ligne, les articles de Gamow. Et ils se jurent de démontrer que leur compatriote (qu'ils n'ont jamais rencontré) a eu raison.

Mais leur serment ira encore plus loin que ce qu'ils avaient prévu. Et va maintenant nous faire plonger dans l'inconnu.

Chapitre 2

Sur la piste de la première lumière

Nous voici à Moscou, au cœur du terrible hiver 1964. Staline, le sanglant père des peuples, a disparu depuis onze ans. Mais son ombre rouge plane encore sur l'immense Russie.

La neige est partout, transformant la ville en un désert glacial où circulent à petit bruit, moteur au ralenti, les rares voitures du régime. Leurs inquiétantes carrosseries gris sombre surgissent de temps en temps de la brume avant de disparaître dans les fumées de charbon. Engloutie sous sa chapka, serrant une mallette contre sa poitrine, une silhouette en manteau marche à pas glissants vers un austère bâtiment à demi effacé par la tempête. Le siège redouté de l'Institut de mathématiques appliquées. L'homme à la chapka s'appelle Andreï Doroshkevich. Il sera célèbre un jour. Mais pour l'instant, ce n'est encore qu'un petit chercheur écrasé par les murs austères qui semble s'éloigner à chaque pas dans la grisaille. Doroshkevich jette un coup d'œil furtif par-dessus son épaule. Il ne fait pas bon être vu dans les parages de ce bâtiment, sous peine d'être fiché. Rentrant les épaules, il présente son laissez-passer à deux gardiens armés jusqu'aux dents. Sans un mot, ils lui font signe d'entrer. Une lourde barrière de fer se referme derrière lui.

Ce rituel empesé, Andreï Doroshkevich l'accomplit régulièrement. Il n'a pas encore soutenu sa thèse de doctorat mais les Soviets savent récompenser les jeunes gens prometteurs et dévoués au régime. Sans avoir rien demandé, il a été admis à se rendre régulièrement dans ce bunker de la science où il croise autant d'agents du KGB que de physiciens. Ces hommes en uniforme lui font froid dans le dos. Il n'a jamais oublié qu'un beau jour, la police secrète est arrivée au petit matin pour arrêter le père de son ami Igor Novikov et le jeter à coups de crosse dans un camion bâché. Personne n'a jamais pu dire à Novikov pourquoi cet honnête travailleur avait été pris dans l'une des rafles sanguinaires de Staline. Ni pourquoi il avait été torturé avant de mourir gelé dans un camp à ciel ouvert en Sibérie. Novikov n'a jamais su non plus pourquoi sa mère avait passé de longues années dans un goulag. Beaucoup d'histoires comme ça se racontent en Russie. Entre autres, Doroshkevich sait que, trente ans plus tôt, les anciens amis de Gamow ont tous été persécutés par les bolcheviques. À commencer par le génial Landau, prix Nobel de physique, arrêté le 28 avril 1938 et condamné à dix ans de travaux forcés. Sans les efforts acharnés de son mentor Piotr Kapitsa[1], il serait mort sur le sol en terre battue de son cachot. Ivanenko ? Déporté en Sibérie. Et que dire de ce jeune prodige de la physique qu'était Matveï Bronstein ? Le malheureux a été interminablement torturé

1. Kapitsa recevra le prix Nobel en 1978, la même année que Penzias et Wilson, les découvreurs du rayonnement fossile.

avant de s'écrouler sous les balles, fusillé à bout portant au fond d'une cour, le 18 février 1938.

Alors qu'il arrive près du poste intérieur, Doroshkevich serre la mâchoire. Nouvelle séance de contrôle. La routine dans ce lieu, le plus secret de tous les instituts soviétiques. C'est là qu'à grand renfort d'ordinateurs, on a mis au point le calcul des trajectoires du fameux Spoutnik, le premier satellite artificiel. Son lancement dans le plus grand secret en 1957 a cloué de surprise le monde entier. C'est également là-bas qu'on poursuit sous haute surveillance les recherches classifiées sur la terrifiante bombe H. Justement, c'est le père historique du projet que vient voir Doroshkevich ce matin-là. Son nom ? Yakov Zeldovich.

Zeldovich !

Une légende vivante. Avec Landau, Lifschitz, Sakharov, Ginzburg et quelques autres, il appartient au cercle fermé des plus grands physiciens de l'histoire russe. Ce sont eux qui ont assuré non seulement la survie mais aussi la gloire de l'Union soviétique aux pires moments de la dictature. Eux qui ont soutenu l'immense Russie à bout de bras. Porté aux nues par ses collègues (qui l'appellent affectueusement « Ya »), Zeldovich croule sous les décorations. Prix Staline en 1943, Bannière rouge du Travail en 1945 et Ordre de la révolution d'Octobre en 1962. Dignité rarissime, il a été désigné trois fois Héros du Travail socialiste, en 1949, 1953 et 1957 ! Un tour de force que même Staline n'a pas pu accomplir.

Reste qu'on ne le rencontre pas comme ça. D'abord, il faut pénétrer dans la zone interdite. Pas facile. Il faut montrer patte blanche. Sans surprise, Doroshkevich est fouillé de la tête aux pieds. Une nouvelle fois, gardant un silence glacial, l'officier de quart examine longuement les papiers du physicien. Que soupçonne-t-il donc de cet œil si froid ? Au bout d'un long moment, sans le regarder, il lui tend ses titres et donne un ordre par le téléphone intérieur. La porte à glissière coulisse laissant apparaître deux soldats en armes qui encadrent Doroshkevich. L'instant d'après, le voilà enfin dans le bureau de Zeldovich. Libre. De s'asseoir. Et tout bêtement de penser.

*

Le grand savant l'accueille avec un large sourire. Quant à Doroshkevich, il n'est pas venu les mains vides. Dans sa mallette il y a un article explosif qu'il a écrit avec son collègue Igor Novikov. Après avoir franchi d'innombrables censures, le papier a finalement été accepté dans l'une des plus prestigieuses revues académiques d'Union soviétique[1]. Que peut-on y lire ? Que le Big Bang a bel et bien existé dans un passé très lointain et que l'énorme chaleur dégagée à ce moment-là a forcément laissé une trace dans le ciel, sous la forme d'un rayonnement aujourd'hui très froid. Sur ce point, Zeldovich est tout de suite convaincu. Pas surprenant puisqu'au tout début des années 1960, il a retrouvé (en empruntant son propre chemin) les résultats de Gamow et de ses élèves. Pour lui aucun doute : l'immense explosion originelle dont est né le cosmos a laissé une relique. Un souffle de chaleur qui remplit tout l'Univers. En y pensant, Zeldovich a

1. A. Doroshkevich, I. Novikov, « Mean Density of Radiation in the Metagalaxy and Certain Problems in Relativistic Cosmology », *Sov. Physics Doklady*, 9 (23) 1964.

du mal à retenir un sourire. Comment parler encore de « chaleur » quand il s'agit de quelques degrés à peine au-dessus du zéro absolu ?

Mais ce n'est pas tout. L'article a beau être court, il est très inspiré ! Car les deux jeunes gens y font une surprenante prédiction. Laquelle ? Contre toutes les idées alors en vogue (excepté peut-être, justement, celles de Gamow), ils laissent entendre entre les lignes que le rayonnement fossile devrait avoir un « spectre de corps noir ». En effet, on peut lire dans cet article pionnier : « Selon la théorie de Gamow, il devrait être possible aujourd'hui d'observer une radiation de Planck en équilibre à une température de 1 à 10 degrés K. » Par « radiation de Planck », il faut bien sûr comprendre « spectre de corps noir ». En outre, les deux Russes proposent quelques lignes plus loin une courbe de température de 1 degré K pour la radiation fossile, valeur assez proche de ce que Penzias et Wilson vont observer dans la réalité. Mais revenons à l'expression « spectre de corps noir ». Qu'est-ce que cela veut dire ? Rassurez-vous, cette expression signifie simplement que le rayonnement fossile est purement « thermique », autrement dit, il ne dépend que de sa température et de rien d'autre. Deuxième conséquence, sa longueur d'onde se situe dans le domaine des micro-ondes, c'est-à-dire dans un secteur invisible, entre l'infrarouge et les ondes radio.

Mais comment le détecter ? Les deux physiciens donnent la recette : mesurer le fond du ciel à une certaine longueur d'onde. Pour cela, ils proposent tout bonnement d'utiliser la seule antenne au monde assez puissante pour réussir l'exploit. Où se trouve cette fameuse antenne ? Là encore, Novikov et Doroshkevich donnent la réponse : dans le New Jersey, en Amérique. Plus exactement dans un coin perdu appelé Crawford Hill. C'est là, en rase campagne, que les laboratoires Bell ont construit leur super-détecteur. Une sorte de cornet acoustique géant. Elle est destinée à calibrer les communications entre la Terre et des satellites de télévision. Mais pour Novikov et Doroshkevich, elle est bien assez puissante pour sonder le ciel et, qui sait, avec un peu de chance, tomber sur l'écho du Big Bang. Très en verve, le jeune homme (qui ne peut plus cacher à Zeldovich son admiration pour Gamow) a même écrit noir sur blanc avec Novikov dans leur article phare que les mesures du rayonnement micro-ondes « sont extrêmement importantes pour la vérification expérimentale de la théorie de Gamow[1] ». Et il le martèle à Zeldovich en tapant du poing sur le bureau.

Gamow !

En entendant son protégé prononcer le nom de Gamow, Zeldovich fronce les sourcils. Une trentaine d'années plus tôt, son ex-compatriote s'est enfui d'Union soviétique. Plus exactement, il n'est jamais revenu après avoir assisté à un congrès. L'affaire a fait du bruit. Et le plus grave, c'est qu'à cause de lui, plus un seul scientifique n'est autorisé à voyager à l'étranger, Zeldovich en tête ! Le grand physicien serre la mâchoire. Toutes ses demandes de visa ont été sèchement rejetées. Comme s'il allait s'enfuir,

1. A. Doroshkevich, I. Novikov, « Mean Density of Radiation in the Metagalaxy and Certain Problems in Relativistic Cosmology. » *Sov. Physics Doklady* 9 (23) 1964.

lui, Zeldovich. « Ce n'est tout de même pas pour rien que son sang est rouge ! » plaisantent ses amis en vidant leurs verres de vodka. Tout ça, Doroshkevich le sait bien. Pourtant, il revient à la charge. Ne pourrait-on pas leur donner l'autorisation, à lui et Novikov, d'aller en Amérique pour faire des essais sur la fameuse antenne ? Zeldovich éclate de rire. Pourquoi pas ? Mais le temps d'obtenir l'autorisation, d'autres auront sans doute détecté dix fois la fameuse radiation !

En réalité, personne au-delà du rideau de fer ne semble avoir lu l'article des deux chercheurs soviétiques. En tout cas, personne n'en a tenu compte. Plus étonnant encore, pas un seul astrophysicien, ni en Amérique ni dans le reste du monde (même pas Robert Dicke à Princeton), n'a réalisé que la magnifique antenne des téléphones Bell pouvait faire l'affaire. Et les rares qui, au sein des laboratoires Bell, ont remarqué que l'antenne captait tout de même un curieux « bruit froid » l'ont mis sur le compte d'un quelconque parasite dont on finirait bien par se débarrasser un jour.

Tout semblait donc joué. Mais une fois de plus, un incroyable coup de théâtre va se produire. Un retournement spectaculaire, venu de nulle part, que personne n'avait prévu. Qu'il était même totalement *impossible* de prévoir. Les héros de cette nouvelle aventure ? Deux jeunes Américains totalement inconnus.

Chapitre 3

Le bruit du Big Bang

Un matin de printemps 1964, dans le New Jersey.

Nous sommes à Crawford Hill, une colline perdue au milieu de nulle part. Le soleil joue avec le vent dans les herbes sauvages. Au fond, près de la haie, il y a quelques fleurs. De temps en temps, les deux seuls habitants de la colline, Arno Penzias et Robert Wilson, leur donnent un coup d'arrosoir. Dans le coin, on connaît un peu les deux jeunes. Deux scientifiques, peut-être même des ingénieurs, on ne sait pas trop… Une fois par semaine, au volant d'une vieille guimbarde, ils vont faire leurs courses à Holmdale, la seule ville alentour. Tout est si tranquille que Penzias et Wilson ont du mal à croire que les puissants laboratoires Bell ont installé dans ce coin de campagne éloigné de tout une antenne astronomique. Pourtant elle est là, derrière les grands arbres. Une sorte de cornet démesuré, au bout duquel est suspendue une drôle de cabane en bois, à quelques mètres au-dessus de la prairie.

Au printemps 2010, nous avons eu la chance de bavarder longuement avec Robert Wilson, aujourd'hui entré dans la légende. Voici le souvenir qu'il garde de Crawford Hill : « Il m'est impossible d'imaginer un endroit où j'aurais pu être plus heureux. Notre bâtiment ouvrait sur l'arrière vers une colline couverte d'herbes et de fleurs[1]. » Et c'est là que les deux jeunes gens retroussent leurs manches et se mettent au travail. Leur mission ? Calibrer l'antenne pour qu'elle puisse relayer d'un continent à l'autre les émissions de télévision. Passé le choc du Spoutnik lancé en 1957 par les Soviétiques, les Américains ont réagi. Et les laboratoires

1. Postface au *Visage de Dieu*, d'Igor et Grichka Bogdanov, Grasset, 2010.

Bell ont expédié en orbite un satellite nommé Telstar. L'engin doit relayer la télévision dans le monde entier. Chaque jour, tournevis en main, nos deux chercheurs procèdent aux réglages. L'on est bien loin du Big Bang. De toute façon, ni Penzias ni Wilson n'en ont entendu parler. Ils n'ont pas la moindre idée de qui est Gamow et ignorent tout de ses théories. De temps en temps, il leur arrive de se demander en passant d'où vient l'Univers. Ils ont plutôt tendance à croire qu'il est fixe et qu'il n'a donc pas de commencement. Mais au fond, tout ça ne les intéresse pas.

Reste que l'article de Novikov et Doroshkevich dans lequel on parle de Crawford Hill vient de paraître il y a quelques semaines. Mais pas la moindre chance qu'ils le lisent. Penzias et Wilson sont donc loin de se douter qu'à des milliers de kilomètres de là, les Russes connaissent leur antenne aussi bien qu'eux. Peut-être même mieux. Et qu'ils ont lancé un appel pour qu'elle soit utilisée afin d'écouter l'écho du Big Bang.

Pourtant, un beau jour de mai 1964, alors qu'une fois de plus ils règlent leur magnifique radiomètre, il se passe quelque chose.

Un bruit.

À nouveau, voilà qu'ils détectent ce mystérieux signal au fond du ciel. Ce « bruit » étrange, qu'ils n'ont jamais entendu auparavant, et qui les gêne. Pendant des mois, il vont tenter de s'en débarrasser. Est-ce la ville voisine qui émet des parasites ? Ou bien la radio du gardien qui crachote sur une mauvaise longueur d'onde ? Toujours est-il qu'ils vont tout passer au peigne fin. Mais rien à faire ! Ce signal, qui correspond à une très basse température (quelques degrés au-dessus du zéro absolu), est toujours là. Pire ! Il semble présent partout dans l'Univers. Finalement, en 1965, grâce à des collègues de Princeton, ils vont découvrir en quelques heures l'incroyable vérité : ce mystérieux rayonnement qu'ils ont capté n'est autre que l'écho du Big Bang !

La découverte, considérée comme l'une des plus importantes de tous les temps, éclate comme un coup de tonnerre dans le monde entier et leur vaudra le prix Nobel en 1978.

Quarante-cinq ans plus tard, Robert Wilson nous confie avec un reste d'étonnement : « Je ne pense pas que nul d'entre nous aurait pu réaliser à quel point notre découverte allait bouleverser la cosmologie[1]. » De fait, à partir de là, les choses basculent. Le grand astronome anglais Fred Hoyle, ardent défenseur du modèle d'Univers fixe, est terrassé. Gamow, lui, triomphe. Ce bruit est bien celui qu'il avait prévu dans les années 1940. Pour la première fois, le grand public admet que le cosmos a bien une origine. Quant aux savants, ils n'ont plus qu'une idée en tête : photographier la lueur fossile du Big Bang ! Mais pour cela, les observatoires terrestres ne suffisent plus. Une seule solution : expédier l'appareil photographique au fond de l'espace, là où tout est vraiment pur.

Et c'est là qu'une fois de plus, alors que personne ne les attendait, on va retrouver les Russes. Dans le chapitre qui suit, vous ferez un saut dans l'inconnu. Plus exactement, une nouvelle incursion derrière le rideau de fer. Pour y découvrir des choses qui, là encore, vont vous étonner.

1. *Ibid.*

Chapitre 4

Le satellite rouge

Nous sommes de retour à Moscou, à l'Institut de mathématiques appliquées.

Un an s'est écoulé depuis la discussion entre Zeldovich et Doroshkevich. Entretemps, l'onde de choc du rayonnement fossile et de sa découverte a franchi le rideau de fer. Novikov et Doroshkevich sont fous de joie. Même s'ils ne l'ont pas découvert eux-mêmes, l'écho du Big Bang existe bel et bien, comme ils l'ont toujours dit. Et il a été décelé exactement comme ils l'avaient prédit, grâce à l'antenne de Crawford Hill. Un bon point dans la guerre froide !

Seul dans son bureau, stylo en main au

cas où il y aurait quelques calculs à griffonner sur un coin de page, Zeldovich relit le fameux article. Il hoche la tête.

Ses élèves ne se sont pas contentés de prédire le moyen de détecter la radiation fossile. En lisant bien, on s'aperçoit que l'article prophétique contient encore autre chose de fulgurant. Comme une deuxième prédiction, peut-être encore plus forte que la première. Tout est dans les deux petites lignes qui suivent : « Les mesures (de préférence à partir d'un satellite artificiel) vont nous aider à savoir enfin si la théorie de Gamow est correcte ou pas[1]. »

Un satellite !

Bouche bée, Zeldovich enlève ses lunettes et se frotte les yeux. Doroshkevich et Novikov ont bien sûr raison.

Au début des années 1960, Neil Armstrong et Buzz Aldrin n'ont pas encore posé le pied sur le sol grisâtre de la Lune. Les Russes et les Américains sont au coude à coude dans la conquête spatiale. Peut-être même que les Russes ont une longueur

1. *Ibid.*

d'avance. Alors pourquoi ne pas être les premiers à lancer un satellite pour mesurer le rayonnement fossile ? L'idée plaît à Zeldovich. D'autant plus que, dès le milieu des années 1960, Doroshkevich et Novikov ont déjà fait plusieurs allusions à l'existence de mystérieux écarts de température qu'on devait s'attendre à trouver dans les profondeurs du rayonnement primordial. Histoire de ne pas être à la traîne, deux astrophysiciens américains, Rainer Sachs et Arthur Wolfe, franchissent une nouvelle étape et prédisent pour la première fois en 1967 que, d'un point à l'autre du rayonnement fossile, on devrait détecter des différences de température d'environ 0,1 degré[1]. Puis c'est à nouveau Doroshkevich, Sunyaev et Zeldovich qui enfoncent le clou : les fluctuations du rayonnement pourraient être à l'origine de la formation des galaxies[2].

1. R.K. Sachs, A.M. Wolfe, « Perturbations of a Cosmological Model and Angular Variations of the Microwave Background », *Astrophysical Journal*, vol. 147, 1967.
2. A.G. Doroshkevich, Y.B. Zeldovich, R.A. Sunyaev, *Fluctuations of the microwave background radiation in the adiabatic and entropic theories of galaxy formation. Proceedings of the Symposium*, Tallinn, Estonian SSR, Dordrecht, D. Reidel Publishing, 1977.

Mais il faut vérifier si tout ça est vrai. Et la seule solution, c'est un satellite ! Le défi est colossal. Mais les Soviétiques ne font pas machine arrière. Ils vont montrer à tous – aux Américains en premier – qu'ils n'ont pas perdu la main dans la conquête du cosmos.

Le 1er juillet 1983, dans le tonnerre de ses réacteurs, une fusée s'arrache à la pesanteur et place en orbite le premier satellite astronomique de l'histoire. Son nom ? Prognoz 9. Il contient un capteur, Relikt 1, qui veut dire « relique ». Sa mission ? Mesurer ces fameuses « anisotropies » dont tout le monde parle sans les avoir jamais vues. Six mois plus tard, la totalité du ciel est cartographiée. Et les résultats sont là. Il en émerge quelque chose de bouleversant. La toute première image du rayonnement fossile, plus de trente ans avant celle fournie par le satellite Planck. En 1987, dans un premier article, les astrophysiciens soviétiques donnent une limite supérieure aux incontestables anisotropies qu'ils ont décelées dans le fond diffus[1]. Mais

1. A.A. Klypin, M.V. Sazhin, I.A. Strukov et D.P. Skulachev, « Limits on Microwave Background Anisotropies – The Relikt Experiment », *Soviet Astronomy Letters*, vol. 13, 2, 1987.

ils ne s'arrêtent pas en si bon chemin. Trois mois avant la fameuse conférence de George Smoot qui livrera au monde sous le choc les résultats du satellite américain COBE, voilà qu'en janvier 1992, Anatoly Klypin et d'autres collègues soviétiques qui resteront à jamais inconnus publient leurs nouvelles analyses[1]. Avec à la clé deux résultats renversants.

Le premier, c'est que l'une des prédictions de Novikov et Doroshkevich est confirmée de manière éclatante. Le rayonnement fossile a bien un spectre de corps noir. C'est en tout cas ce qu'a observé le satellite soviétique, près de six ans avant COBE.

Mais il y a encore autre chose.

Dans l'article de janvier 1992, on peut lire en toutes lettres (en russe mais aussi en anglais) que des anisotropies ont été observées au sein de la radiation fossile. Dans un nouvel article[2] publié le 1er septembre

1. *Science in USSR*, 4, 1992-1992.
2. A.A. Klypin, I.A. Strukov et D.P. Skulachev, « The Relikt missions – Results and prospects for detection of the microwave background anisotropy », *Monthly Notices of the Royal Astronomical Society*, vol. 258, n° 1, septembre 1992.

1992, les astrophysiciens russes vont jusqu'à préciser que ces variations de température d'un point à un autre sont de l'ordre d'un dix millième de degré ! Une précision déjà extraordinaire pour l'époque. On est saisi en lisant la phrase qui suit : « Il est intéressant de comparer les résultats de Relikt 1 à ceux de COBE. Il apparaît que les deux expérimentations donnent des résultats essentiellement identiques[1]. » De fait, il a été tiré des données fournies par le « satellite rouge » une carte du rayonnement fossile qui est l'ancêtre (plutôt émouvant) de celle obtenue aujourd'hui par le satellite Planck. Cette carte a d'ailleurs servi d'emblème à la conférence internationale de cosmologie qui a eu lieu en Italie en 1989.

Récapitulons. Plusieurs années avant COBE, les Russes avaient donc obtenu la preuve que la première lumière n'était pas totalement uniforme. Mais entre-temps, les Américains ont relevé le défi. Le monde entier a suivi en direct leur arrivée sur la lune en 1969, puis leur conquête du tour de la Terre par la navette spatiale quelques années

1. *Ibid.*

plus tard. Plus question de se laisser dépasser. D'ailleurs, la sonde soviétique Relikt 2, qui devait succéder à Relikt 1, et qui devait obtenir des images bien plus précises que son grand frère, a été abandonnée. Faute de moyens. Et aussi parce que le système communiste s'est écroulé dans les années 1990.

Désormais, la place est vide. Il ne reste plus à la NASA qu'à envoyer son propre satellite pour aller fouiller le fond du ciel.

C'est chose faite en 1989 avec le lancement de COBE, le deuxième satellite astronomique de l'histoire. L'astrophysicien américain George Smoot, l'un des deux initiateurs de l'engin spatial, soulevé d'émotion face aux fabuleuses photos du rayonnement fossile, s'exclamera en avril 1992, à la stupéfaction de ses collègues de la Société américaine de physique : « C'est comme voir le visage de Dieu ! » Lui aussi sera récompensé par le prix Nobel, qu'il partagera avec son collègue John Mather en 2006. Puis c'est au tour de WMAP, dont les prises de vues de la première lumière cosmique, plus riches que celles de COBE, font le tour du monde au début du XXIe siècle.

Enfin aujourd'hui, le satellite Planck – 1 000 fois plus précis que COBE – nous livre les nouveaux secrets de la première lumière cosmique.

De quels secrets s'agit-il ? Pourquoi donc certains commentateurs de la mission Planck affirment-ils que notre vie en sera bouleversée ? C'est ce que nous allons voir dans le chapitre qui suit.

Chapitre 5

Qu'est-ce que la première lumière ?

À présent, il est temps de nous rapprocher de cette fameuse lueur primordiale, également connue sous le nom pittoresque de « rayonnement fossile ».

De quoi s'agit-il ?

D'une très puissante radiation lumineuse, qui a jailli des ténèbres il y a longtemps. Très longtemps. 13 milliards 820 millions d'années dans le passé. Cette mystérieuse lumière remonte donc à l'aube des temps et représente le plus ancien fossile qui puisse exister. Elle s'est soudain « allumée » dans la nuit cosmique juste 380 000 ans – 3 800 siècles – après l'immense déchirure causée par le Big Bang au cœur du néant. Il n'y a pas plus de distance entre cette première lumière et le Big Bang qu'entre nous et les hommes préhistoriques.

Mais regardons de plus près cette image du ciel d'autrefois que Planck nous a ramenée de son long voyage. Des couleurs plus ou moins condensées autour du bleu (les régions froides) et du rouge (les zones chaudes). Première surprise : il n'y a que quelques millionièmes de degré de différence entre le chaud et le froid. Or, l'on ne peut s'empêcher d'être perplexe face à cet « ajustement » inexplicable. Quelque chose semble inscrit dans cette lueur de l'aube cosmique. Comme un code mystérieux, que George Smoot, le 15 août 1997 dans la revue *Science*, n'a pas hésité à comparer à « l'écriture manuscrite de Dieu[1] ». Que pouvons-nous donc déchiffrer de cette mystérieuse « écriture » ? Qu'allons-nous en faire ? Là encore, Smoot nous donne la réponse qui lui paraît la plus juste : « Remonter en arrière jusqu'à la création, regarder l'apparition de l'espace et du temps, de l'Univers

1. In *Science*, p. 890, 15 août 1997.

et de tout ce qu'il y a dedans, mais aussi voir l'empreinte de celui qui a fait tout ça. » Étrangement, cette phrase résonne comme en écho de celle prononcée trois quarts de siècle plus tôt par Einstein face au mystère du monde : « Nous sommes dans la position d'un petit enfant entrant dans une immense bibliothèque dont les murs sont couverts jusqu'au plafond, avec des livres écrits dans de nombreuses langues différentes. L'enfant sait que quelqu'un a écrit ces livres. Mais il ne sait pas qui ni comment. Et il ne comprend pas la langue dans laquelle ils sont écrits. » Finalement, Einstein nous livre sa conclusion : « Telle est, je crois, l'attitude de l'esprit humain, même le plus grand et le plus cultivé, face à Dieu[1]. »

Revenons à ce mystérieux « manuscrit » fossile. En effet, il suffit d'un seul coup d'œil pour constater que sa langue nous est inconnue. Pourtant, comme l'a confié dès le 21 mars 2013 le physicien Max Tegmark, du MIT, à Dennis Overbye (qui dirige le service scientifique du *New York Times*) :

1. George Sylvester Viereck, *Glimpses of the Great*, Duckworth, 1930.

« L'Univers essaie de nous dire quelque chose[1]. » Peut-être bien. Mais, encore une fois, en quelle langue ? Comment en déchiffrer ne serait-ce que quelques fragments ? Pour avoir une petite chance de répondre, voyons plus en détail à quoi ressemble notre fossile. Et d'où il vient.

*

À vrai dire, à la différence de la lumière de tous les jours – celle qui provient du Soleil ou de votre lampe de poche –, la première lumière de l'Univers est totalement *invisible*.

Mais pourquoi donc ?

À l'instant où vous lisez ce livre, les photons « ordinaires » – ces minuscules grains de lumière – volent par milliards autour de vous. Ils sont incroyablement nombreux. Un milliard de fois plus que les particules de matière. Par exemple, l'ampoule de votre salon émet environ cent milliards de milliards de photons à chaque seconde ! Ils n'ont aucun poids, sont les choses les

1. http://www.nytimes.com/2013/03/22/science/space/planck-satellite-shows-image-of-infant-universe.html?_r=0

plus rapides de l'Univers et le temps glisse sur eux comme l'eau sur les plumes d'un canard. Ce sont eux qui vous éclairent du matin au soir. Lorsque vous marchez dans la rue, les photons viennent essentiellement du Soleil. La nuit, ils jaillissent aussi bien des lampes de votre salon que, bien plus loin, de la Lune, des étoiles et du gaz froid des galaxies. Or, ces photons visibles ne représentent qu'une toute petite minorité de ceux qui voyagent dans le grand Univers : environ 4 % ! Et les 96 % restants ? Ce sont justement les photons *cosmologiques* ! Invisibles, ce sont eux qui composent ce qu'on appelle aujourd'hui la première lumière. Ils vous frôlent du matin au soir, comme une pluie fine ou un brouillard matinal. Dans une tasse de café, on trouve environ 5 000 de ces « étincelles » de la première lumière. En bref, votre salon est « éclairé » par cette énigmatique lumière de l'aube des temps. Mais celle-ci ne se contente pas de venir chez nous. Elle est partout. En ce moment même, on la retrouve sur la Lune et sur Mars. Mais aussi sur les milliards de planètes de notre Voie lactée. Tout comme sur les mondes les plus reculés des plus lointaines galaxies. En fait, le rayonnement fossile emplit tout l'Univers, jusque dans ses moindres recoins.

Mais encore une fois, pourquoi ne peut-on pas voir ce fameux rayonnement ?

Tout simplement parce que sa longueur d'onde, très courte juste après le Big Bang, n'a cessé de s'étirer avec l'expansion cosmique. Les premiers photons sont venus au monde quelques milliardièmes de seconde après le Big Bang, dans un immense torrent de rayons gamma. Puis dès les premiers instants ils ont perdu de l'énergie et se sont transformés en rayons X avant de passer dans l'ultraviolet et de devenir enfin visibles. Mais au fil de l'expansion, l'énergie de cette première lumière a continué de chuter, dépassant le visible pour tomber dans l'infrarouge et enfin dans le domaine des micro-ondes. Résultat : vous ne pouvez pas davantage voir la radiation fossile que la lumière de votre four à micro-ondes. Mais ce n'est pas tout. La première « lumière » est également très froide. Pour ne pas dire glaciale.

*

Pourtant, il y a très longtemps, des milliards d'années dans le passé, cette radiation était chauffée au feu du Big Bang. Elle brûlait alors dans le jeune Univers (un univers mille fois plus petit qu'aujourd'hui) à la température de 3 000 degrés. C'était en l'an 380 000 après le Big Bang. Avant cette époque, le nuage originel était encore bien plus chaud. Des millions et même des milliards de degrés. Selon les calculs, 100 000 milliards de milliards de milliards de degrés au moment du Big Bang ! Un chiffre qui réduit notre imagination à néant. Or, quelques milliardièmes de seconde après ce moment si mystérieux, les tout premiers photons du cosmos ont fait leur apparition. Toutefois, à cette époque, ils étaient encore « englués » dans la matière à une température inimaginable. Cet emprisonnement va durer plusieurs centaines de milliers d'années.

Nous arrivons en l'an 380 000. La température du four cosmique tombe à 3 000 degrés. Et c'est le miracle : les particules élémentaires forment enfin les premiers atomes d'hydrogène de l'histoire – ceux que vous avalez chaque jour dans votre verre d'eau – et relâchent du même coup les particules de lumière.

Libre ! La lumière est enfin libre, après 380 000 ans de prison !

Alors elle ne demande pas son reste et, sans attendre une minute de plus, la radiation primordiale quitte pour toujours la matière naissante pour commencer son immense voyage dans le vide. Au fil des milliards d'années, franchissant 18 millions de kilomètres à chaque minute, cette première lumière a continué de se refroidir. À un moment, elle est tombée à 25 degrés, la douce chaleur d'un bel après-midi d'été à la campagne. Puis à zéro degré. Un temps de neige entre les étoiles. Mais la température a continué de chuter inexorablement. Moins 40 degrés. Moins 120 degrés. Moins 200 degrés. Jusqu'à atteindre ce seuil que nous connaissons de nos jours, 271 degrés au-dessous de zéro ! Ou encore 2,7 degrés au-dessus du zéro absolu.

*

Prenons un instant pour réfléchir. Et rendons-nous sur le site officiel du satellite Planck. L'étrange planisphère que vous pouvez contempler en deux clics vous montre une photographie complète de l'Univers. Un peu comme si on vous montrait la photo d'un paysage avant que votre maison n'y soit construite. Datant des années 1900, cette photo renvoie à une époque où vous n'étiez pas encore né. Ni vos parents. Ni les leurs. Et votre maison ? Ce n'est encore qu'un vague emplacement au milieu des buissons. De même, en contemplant les images fournies par Planck, l'on a parfois envie de pointer du doigt un endroit sur la carte et de se dire que c'est là, à partir de ces brumes de couleur, que se formera un jour la Voie lactée. Puis le système solaire, la Terre et le pays dans lequel nous naîtrons, 13 milliards 800 millions d'années plus tard…

À coup sûr, dans les profondeurs de cette première lumière se cachent de fabuleux secrets. Le premier débouche sur cette question vertigineuse : depuis quand notre Univers existe-t-il ?

Chapitre 6

Quand l'Univers a-t-il commencé ?

Le cosmos a-t-il eu un jour un commencement ?

Pendant des dizaines de siècles, cette idée a paru totalement absurde. Les philosophes grecs ? Ils haussent les épaules, Aristote en tête. Depuis toujours, le ciel est à la même place. Alors qui pourrait songer un seul instant à remettre en cause, au-delà des enseignements dispensés par les sages, ce que ni le regard ni aucun des sens ne peut contredire ?

Personne.

Sauf, bien sûr, un esprit hors du commun. Son nom ? Ludwig Boltzmann. Il est né en 1944 à Vienne. Véritable génie visionnaire, ce physicien autrichien à la barbe électrique est littéralement fasciné par le fait que le temps est irréversible. Qu'il emporte toute chose, bonne ou mauvaise, du passé vers l'avenir, sans aucun espoir de retour. Très vite, alors qu'il avance à toute vitesse dans ses études, Boltzmann comprend que ce sens unique du temps s'accompagne d'une dégradation inéluctable : le café refroidit dans les tasses et les cigares (qu'il adore fumer après un bon repas) raccourcissent. Qu'est-ce que tout ça veut dire ? Que l'entropie des choses – c'est-à-dire, grosso modo, leur désordre – va en augmentant à mesure que le temps passe.

Mais au fond, pourquoi n'en irait-il pas de même pour l'Univers tout entier ?

Un soir de novembre 1866, alors qu'il vient de passer sa thèse de doctorat sur la cinétique des gaz sous la direction du sévère physicien Jozef Stefan, il lui lance tout à coup : « Si l'Univers perd de l'énergie, c'est que son entropie augmente. Et dans ce cas, cela veut dire que si l'on remonte très loin dans le passé, l'énergie a nécessairement été plus élevée. Et donc l'entropie plus faible. » Après un silence, le jeune Boltzmann s'enhardit jusqu'à poser cette question impensable pour l'époque : « Mais alors, ne peut-on supposer que l'Univers a eu comme un commencement ? Un début à très haute énergie ? »

À cet instant, Boltzmann vient de frôler le Big Bang.

Sans répondre, Stefan hausse les épaules avant de tirer une bouffée de son cigare. Peut-être son élève a-t-il raison. Peut-être bien... Mais après avoir brillé un instant dans la nuit, voilà que l'idée s'éteint. Elle est venue bien trop tôt. À l'époque, il est encore inimaginable de prétendre que le temps lui-même a eu un commencement. La physique des années 1880 est toujours largement dominée par les théories de Newton qui impliquent, comme pour Aristote, l'idée d'un Univers immuable et éternel. Dans ce contexte, personne ne retient l'idée « folle » de Boltzmann. Et la conception d'un Univers éternel continue de dominer les esprits jusqu'au début du XXe siècle. Einstein lui-même est encore convaincu que l'Univers ne peut qu'être éternel. Qu'il n'a jamais eu de commencement et n'aura jamais de fin. Il suffit, pense alors le père de la relativité, de lever simplement les yeux vers les étoiles pour en être définitivement convaincu. Sans le moindre doute.

*

Nous voici en 1915. Einstein vient de mettre la dernière main à sa fameuse théorie de la relativité générale. Sans en avoir encore évalué les conséquences sur la cosmologie, il sent que cette théorie est bien plus puissante que toutes les autres. Or lorsqu'il la teste en l'appliquant à l'Univers tout entier, il découvre avec stupéfaction – mais aussi avec un brin d'effroi – que quelque chose ne va pas : sa moustache se hérisse. Là, au cœur de ses propres équations, il voit tout à coup surgir l'image d'un Univers instable. Un cosmos qui semble hésiter entre deux destins : d'un côté celui d'un effondrement sur lui-même, de l'autre celui d'une dilatation, d'une expansion infinie. « C'est impossible ! » se révolte alors Einstein. L'Univers ne peut ni s'effondrer ni se dilater. Il est fixe. Les objets qu'il contient sont immobiles, un point c'est tout. Qui serait assez fou pour imaginer que le cosmos n'est pas éternel ?

Fort de ses convictions, Einstein se met donc au travail. Son objectif ? Fixer l'Univers une bonne fois pour toutes. Comme on cloue une nappe sur une table pour qu'elle cesse de glisser. Pour cela, il va concevoir astucieusement un artifice mathématique et l'ajouter à ses magnifiques équations du champ : du coup, les solutions cessent d'être dynamiques et l'Univers, tranquillement, s'immobilise. Le savant est pleinement satisfait. À quelques détails près, pourtant. En 1917, en effet, il termine l'un de ses articles scientifiques par ces mots : « Il convient de souligner, toutefois, que la constante cosmologique ne s'avère nécessaire que dans le seul but de rendre possible une distribution quasi statique de la matière, comme l'exige le fait des faibles vitesses des étoiles. » À l'évidence, Einstein était clairement conscient que la solution de ses propres équations était non statique, mais il lui fallait absolument reconstruire – fût-ce au prix d'un tour de passe-passe mathématique – l'image d'un Univers fixe et éternel. D'ailleurs, à cette époque, tous ses collègues lui ont donné raison en se déclarant d'accord avec lui.

*

Tous ? Pas tout à fait. Car dès le début de l'année 1922, très loin de Berlin, derrière le rideau de fer, un mathématicien russe lit et relit très attentivement – directement en allemand – les dernières publications d'Einstein. Il s'appelle Alexander Friedmann. Et il n'est pas du tout impressionné par la réputation déjà immense du physicien qui vient de recevoir le prix Nobel de physique l'année précédente. S'il lui arrive d'être ébloui, c'est plutôt par certains de ses étudiants à lui. Il y a par exemple ce Gamow. Celui-là, pense Friedmann, ira loin ! Il connaît la relativité sur le bout du doigt et, l'autre jour, il lui a fait une démonstration étonnante sur la naissance de l'Univers. Il y a également ce jeune prodige qu'est Landau, dont il apprécie la gentillesse autant que la rapidité foudroyante. Mais pour l'heure, ce qui intéresse Friedmann, c'est le déroulé des équations qu'il découvre dans l'article d'Einstein. Il les lit comme on déchiffre une partition sur une portée, avec ses silences, ses doubles croches, ses noires ou ses blanches. Friedmann est en extase. Cette mélodie de l'Univers est parfaite. Il est sur le point de céder à ses superbes harmonies lorsque, tout à coup, il voit, il *entend*, une fausse note. Là, sous ses yeux, les superbes équations d'Einstein sont littéralement faussées par un terme qui ne devrait pas s'y trouver. Dès lors, Friedmann refait tous les calculs. Il veut à tout prix découvrir les solutions exactes des équations de la relativité. Bientôt, la réponse au bout du crayon, sa conviction est faite : le savant allemand a forcé ses équations à mentir sur la réalité qu'elles étaient censées décrire. En introduisant sa fameuse « constante cosmologique », Einstein a en quelque sorte cloué l'Univers sur place : les solutions dynamiques ont été falsifiées et le modèle statique qui se dégage de ce coup monté est profondément trompeur.

N'y tenant plus, Friedmann a alors l'audace d'envoyer un article au grand savant. Il sait maîtriser le formalisme algébrique mais a plus de mal avec la physique. C'est son point faible. Mais qu'importe ! En quelques équations, il parvient à montrer que les mathématiques parlent d'elles-mêmes : la vérité des calculs commande de supprimer purement et simplement cette étrange « constante cosmologique » artificiellement introduite dans la théorie. La légende raconte qu'aussitôt après avoir pris connaissance en diagonale des critiques de Friedmann, sans même prendre le temps d'y réfléchir, Einstein aurait furieusement froissé le papier entre ses mains avant de l'écraser à coups de talon répétés sur le sol. L'une des servantes, qui se trouvait alors dans la pièce, a même confié plus tard qu'« elle n'avait jamais vu le grand savant dans un tel état de rage ».

Mais la colère d'Einstein n'y changera rien : la vérité était en marche. Bientôt, le père de la relativité sera contraint de reconnaître son erreur : « La plus grande bourde de ma carrière ! » soufflera-t-il plus tard à George Gamow, vers la fin des années 40. Fort de cette victoire de la pensée, Friedmann se donne alors pour tâche d'approfondir son modèle d'Univers. Près de son vieux poêle à charbon, il passe de longues soirées à calculer. Il enchaîne les équations comme des perles sur un collier. Puisqu'il vient de démontrer que le cosmos est en expansion, qu'il grandit à chaque instant, cela signifie qu'il a été plus petit dans le passé. Et donc qu'il a dû exister, très loin dans son histoire, un instant où l'Univers tout entier était réduit à un point. Le plus extraordinaire, c'est que sur la base de ce qu'il a découvert, Friedmann réussit même à calculer l'âge de cet Univers : il estime à dix milliards d'années le temps écoulé depuis sa naissance. Un chiffre étonnamment proche des estimations actuelles : avec un crayon et du papier, par le seul recours aux mathématiques, le savant russe réussira à évaluer un âge compatible, dans ses ordres de grandeur, avec les données ultraprécises qui seront recueillies près d'un siècle plus tard par le satellite Planck. Malheureusement, il n'aura pas le temps de savourer son triomphe : au terme d'une ultime ascension au cours de laquelle il bat le record d'altitude en ballon stratosphérique (7 200 mètres), il meurt mystérieusement le 16 septembre 1925 d'une mauvaise fièvre qu'il aurait peut-être contractée lors de son exploit. Pour certains, il s'agirait du typhus, mais pour son élève George Gamow, cette mort inattendue du mathématicien résulte directement de son ascension en ballon. Peut-être même, pense-t-il, d'un attentat perpétré par les bocheviques, outrés qu'un Russe – juif, il est vrai – ait pu soutenir que le cosmos et la matière n'étaient pas éternels.

*

Mais quelles que soient les raisons de cette mort brutale, vingt-cinq ans après le coup d'éclat visionnaire de Friedmann, Gamow prendra la relève. Et voilà qu'il publie à son tour plusieurs articles qui précisent les hypothèses de son vénéré maître : le 1er avril 1948, avec son élève Alpher et son collègue Bethe, il montre que les éléments légers (en particulier les noyaux d'atomes d'hydrogène) n'ont pu être fabriqués qu'au moment de la naissance de l'Univers, à cette époque lointaine où la température du « four cosmique » était suffisamment élevée pour créer ces éléments. Dans la foulée, le 30 octobre 1948, il publie un autre papier intitulé « The Evolution of the Universe » dans la célèbre revue *Nature* où il estime, à son tour, l'âge de l'Univers à « plusieurs milliards d'années ». Sur quoi se base-t-il pour risquer de telles conclusions ? Essentiellement sur deux observations qui représentent encore de nos jours des repères précieux grâce auxquels il est possible d'évaluer l'âge de l'Univers. La première indication sérieuse repose sur une évaluation de l'âge des étoiles. En effet, l'Univers ne peut pas être plus jeune que les objets qu'il contient. Dès lors, en répertoriant les étoiles les plus âgées, on obtient du même coup une indication fiable de l'âge de l'Univers lui-même. C'est ce qu'a fait Gamow, en se basant sur les observations de ses collègues astronomes. Parallèlement à ces repères astronomiques, le bouillant savant russe a également conclu que les éléments radioactifs présents sur la Terre représentaient de leur côté une preuve incontestable de l'âge de l'Univers lui-même. Dans le résumé de son article, il ira jusqu'à écrire très précisément : « En fait, on remarque que certains éléments (comme l'uranium-238, le thorium-232 et le samarium-148) dont la période radioactive s'étend sur plusieurs milliards d'années sont relativement abondants, alors que ceux dont la période est plus courte (quelques centaines de millions d'années pour l'uranium-235 et le potassium-40) sont de nos jours extrêmement rares. Dès lors, en se basant sur notre connaissance de la période de désintégration de ces éléments et en les comparant à leur quantité actuelle sur la Terre, il devient possible de calculer la date à laquelle ces éléments ont été à peu près aussi abondants que ceux dont la période est plus longue : quelques milliards d'années dans le passé[1]. »

Reste une troisième preuve dont Gamow parle peu dans son article de 1948 mais sur laquelle il s'est largement appuyé par la suite : le taux d'expansion de l'Univers. À partir de 1925, grâce au tout nouveau télescope de l'Observatoire du mont Wilson, l'astronome Edwin Hubble a été en mesure de détecter des étoiles variables[2]

1. La période radioactive, ou période d'un isotope radioactif, représente le temps nécessaire pour que la moitié des atomes d'un bloc radioactif se désintègrent naturellement.
2. Une étoile variable est une étoile dont l'éclat apparent (la luminosité) varie sur des périodes de courte durée : tantôt très brillantes, tantôt presque invisibles, ces étoiles représentent des repères précieux pour évaluer les distances dans l'Univers.

dans plusieurs nébuleuses. À l'époque, ces étranges nébuleuses, sortes de filaments diffus, sont au cœur de débats enflammés : s'agissait-il de nuages interstellaires localisés dans notre propre galaxie, la Voie lactée, ou plutôt de galaxies entières situées en dehors de la nôtre ? La question était particulièrement difficile à résoudre : comment mesurer la distance qui séparait la Terre de telle étoile sans disposer d'un repère précis ? Imaginez que vous soyez en pleine nuit au bord d'une plage déserte. Si vous ne disposez d'aucun repère, il vous sera impossible de dire si la lampe de poche embarquée sur un petit bateau qui serait à 200 mètres du rivage est plus proche ou plus éloignée que le phare puissant qui brille à 10 kilomètres de là.

*

C'est ici qu'une astronome du nom d'Henrietta Leavitt entre en scène. Une jeune femme minutieuse, décrite comme même un peu obsessionnelle par ses proches. Dès les années 1910, avec l'aide de ses collègues du Harvard College Observatory, elle fixe son télescope sur ces étoiles étranges dont l'éclat varie avec le temps. Appelés « étoiles variables » ou « céphéïdes », ces astres présentent la particularité d'être plus ou moins brillants d'un jour à l'autre. Imaginez ce qui se passerait si l'éclat de notre Soleil variait du jour au lendemain : très faible et rougeoyant le lundi, son rayonnement deviendrait hyper-lumineux et aveuglant en fin de semaine. Difficile à croire ? Et pourtant, dans notre seule galaxie, on compte des dizaines de milliers d'étoiles dont l'intensité lumineuse varie sur de très courtes périodes : de quelques semaines à quelques jours, voire à quelques heures pour certaines d'entre elles. Passablement intriguée, Henrietta parvient à montrer, dans un premier temps, que plus une céphéïde est lumineuse, plus le cycle de variation de son éclat sera long. Forte de ce premier résultat, elle découvrira ensuite que les variations de luminosité de ces étoiles permettent d'établir ce qu'on appelle leur « éclat absolu ». Or celui-ci correspond au rayonnement émis par une étoile située à environ 32 années-lumière. La jeune femme lève alors les bras au ciel. Elle tient enfin un point de comparaison ! Il suffit de comparer l'éclat des étoiles aux céphéïdes qui lui servent de repères pour évaluer la distance de ces étoiles. À partir de là, tout s'accélère. On est en 1925 et Hubble peut enfin montrer que certaines nébuleuses ne sont pas des nuages au sein de notre propre galaxie ! Il révèle à ses collègues médusés que ces taches lumineuses sont situées bien plus loin, *à l'extérieur* de la Voie lactée. Et que ce sont, sans doute, d'autres galaxies, contenant des milliards d'étoiles, comme chez nous. La découverte est immense et elle provoque un choc dans le monde entier. Désormais, on crie au génie lorsque Hubble se montre quelque part.

Pourtant, le problème posé en ouverture de ce chapitre reste entier. À supposer que l'Univers ait bien connu un commencement – après tout, Friedmann n'a pas nécessairement raison –, comment évaluer son âge ? C'est là que Hubble va faire sa deuxième entrée sur scène. Et provoquer un joli coup de théâtre.

Chapitre 7

Quel âge a l'Univers ?

Nous voici en 1929. Tirant de longues bouffées de sa pipe (il s'en sépare rarement), Hubble peut légitimement se frotter les mains. Il a échappé au pire ! À l'heure qu'il est, s'il avait écouté son père, il serait sans doute devenu avocat – et serait en train de mourir d'ennui dans un trou perdu, croulant sous des dossiers de divorces et de chapardages dans les magasins. Mais heureusement, il a réalisé son rêve : devenir *astronome* ! Et ses premiers résultats font pâlir d'envie n'importe lequel de ses collègues. Qui dit mieux ? Il a réussi à montrer, preuves à l'appui, que notre galaxie n'est pas la seule. Qu'il en existe des milliers d'autres

– peut-être encore bien davantage – dans le cosmos.

Mais il n'y a pas que cela. Avec l'aide dévouée de Humason, le simple muletier devenu (lui aussi) astronome, il travaille d'arrache-pied. L'œil rivé chaque nuit à l'objectif de l'immense télescope du mont Wilson avec ses 2,54 mètres d'ouverture, il scrute le mouvement de ces galaxies. Cent fois, mille fois, il répète les mesures. Prendre des vacances ? Impensable ! Dormir la nuit ? Grotesque ! Les nuits sont faites pour observer la voûte céleste. Et y déceler des phénomènes inouïs. Parmi eux, il y en a un qui, il le sait, finira par lui apporter la gloire. Cela fait des années qu'il étudie avec la plus grande attention les articles de son collègue l'astronome Vesto Slipher. Dès 1912, ce dernier a réussi à montrer que la lumière émise par les « nébuleuses » (à l'époque, on ne savait pas encore qu'il s'agissait de galaxies situées à l'extérieur de la nôtre) présentait des longueurs d'onde plus ou moins grandes : les objets qui se rapprochaient de la Terre émettaient une lumière bleue (longueurs d'onde plus courtes), ceux qui, au contraire, s'éloignaient émettaient une lumière rouge (longueurs d'onde plus grandes). En fait, Slipher a été le premier astronome à observer le décalage spectral : par l'un de ces étranges oublis dont l'histoire des sciences est malheureusement coutumière, son nom a été quasiment ignoré tandis que celui de Hubble sera célébré dans le monde entier pour cette découverte. Ce dernier a vérifié inlassablement les travaux de Slipher qui l'ont laissé bouche bée : les galaxies s'éloignent inexorablement les unes des autres. Avec le fidèle Humason, il va observer des centaines de galaxies. Jusqu'à ce qu'il n'ait plus le moindre doute. La découverte est colossale. Presque folle. Et lorsqu'il la révèle à ses collègues stupéfaits, pas une voix ne s'élève pour contredire le maître. La découverte de la fuite des galaxies est alors publiée et éclate dans le monde comme un coup de tonnerre.

Hubble triomphe.

*

Mais ce n'est pas tout d'avoir fait une belle découverte. Ce qu'il faut, c'est en tirer quelque chose. À l'époque, Hubble n'est pas vraiment sûr du sens qu'il doit donner à son extraordinaire trouvaille. Lorsque Einstein lui rend visite en 1931, le grand savant lui annonce une chose fracassante. Pour lui, ce ne sont pas les galaxies qui fuient les unes par rapport aux autres, mais l'Univers tout entier qui se dilate à chaque instant ! Mais Hubble secoue la tête. Il y a ce qu'on dit ici ou là. Et il y a ce qu'il pense, lui. Dans son for intérieur, il n'est pas du tout certain que cette histoire d'expansion de l'Univers puisse tenir debout. Parfois, il est tout de même tenté d'y croire. Puis il finit par hausser les épaules. On verra bien ! En attendant, expansion de l'Univers ou pas, rien ne l'empêche, à partir du mouvement apparent des galaxies, de calculer un moment où elles étaient toutes très proches les unes des autres. Et du même coup, d'en tirer une évaluation, même grossière, d'un « âge » possible pour notre cosmos.

Le grand astronome se met donc au travail. Dans un premier temps, il va grandement surestimer le taux d'expansion des galaxies. Du coup, l'âge de l'Univers ne dépassait guère 2 milliards d'années, ce qui posait un sérieux problème dans la mesure où les géologues avaient déjà évalué l'âge de certaines roches terrestres à plus de 3 milliards d'années. Une nouvelle mesure du taux d'expansion permettra d'aboutir à une approximation bien meilleure : cette fois, on pouvait évaluer l'âge du cosmos de manière à peu près certaine entre 15 et 20 milliards d'années.

Pourtant, cette valeur n'est pas encore la bonne. L'erreur se compte en milliards d'années. Comment faire pour corriger ça ? Là encore, une seule solution : attendre les satellites d'observation astronomiques. À vrai dire, ce n'est qu'avec eux – en particulier avec Planck – qu'on va obtenir une mesure vraiment précise de l'âge de l'Univers.

*

Lancée le 30 juin 2001, la sonde WMAP a réussi à établir la durée du temps écoulé depuis le Big Bang à 13,73 +/– 0,12 milliard d'années. Or ce chiffre d'une fantastique précision sera encore amélioré par le satellite Planck. Ce que Planck nous révèle, avec des détails encore jamais vus, c'est le visage de notre Univers nouveau-né. Le bébé Univers ! Prenons un exemple. Avant Planck, le satellite américain COBE nous avait montré en 1992 l'image d'un bébé. Mais le tout était trop flou pour que l'on sache s'il s'agissait d'une fille ou d'un garçon. Puis, en 2003, le deuxième satellite américain, WMAP, a précisé les choses. Le bébé Univers était un garçon. Mais impossible encore de voir vraiment à quoi il ressemblait. Enfin, avec Planck, on découvre nettement son visage. Le bébé est blond et il a les yeux verts. Et on peut du même coup dire son âge avec une précision inégalée. Alors, quel est-il *exactement* ?

Pour répondre, le satellite Planck, comme avant lui les satellites COBE et WMAP, va simplement évaluer aussi minutieusement que possible la vitesse à laquelle l'Univers « grandit ». En mesurant son taux d'expansion, on obtient facilement son âge. Planck a constaté que l'Univers « grandit » au rythme de 67,3 kilomètres par seconde et par mégaparsec. Cela ne vous dit certainement pas grand-chose. En kilomètres, 1 parsec équivaut à environ 30 000 milliards de kilomètres. Pour parcourir cette distance en voiture, à 100 km/h, il vous faudrait environ… 34 millions d'années. Et lorsque l'on sait que 1 mégaparsec équivaut à 3,26 millions d'années-lumière (une distance considérable, plus grande encore que celle qui nous sépare de la galaxie voisine d'Andromède), il nous faudrait cette fois… 34 000 milliards d'années ! Une durée inimaginable, qui dépasse de loin celle de l'Univers, né il y a « seulement » 13,8 milliards d'années. En fait, ces chiffres vertigineux sont à la mesure de la taille de l'Univers : dans l'espace, les distances sont tellement colossales que les kilomètres, les années-lumière, les parsecs et les mégaparsecs ne veulent plus rien dire.

*

Depuis le 21 mars 2013, l'âge de l'Univers est désormais évalué avec une fantastique précision à 13 milliards et 820 millions d'années. Un âge qui fait rêver dès lors qu'il fixe une limite dans le passé et qu'on ne peut manquer de se demander : puisque l'Univers n'existait pas il y a 30 milliards d'années, qu'y avait-il donc à la place ?

*

Peut-être qu'à la lumière des derniers développements de la cosmologie, une réponse à cette question devient possible. Peut-être qu'il y a 30 ou 40 milliards d'années, l'Univers n'existait pas sous sa forme physique mais, de manière plus subtile, sous la forme d'une *information*. Une réalité numérique, qui pourrait « encoder » sous une forme mathématique l'ensemble des propriétés qui, après le Big Bang, concourent à l'existence et à l'évolution de l'Univers physique. Dans *La Pensée de Dieu* nous faisions la remarque suivante : « Une nouvelle génération de chercheurs, à mi-chemin entre les mathématiciens et les physiciens, commence à apparaître. Tels sont ces pionniers du nom de Charles Bennett, le théoricien d'IBM, Seth Lloyd, avec son rire aigu qui fait légende, Stephen Wolfram, le père des nouveaux moteurs de recherche sur Google tourné vers la connaissance, David Deutsch, le créateur à Oxford de l'idée de qbit, Peter Shore et d'autres. »

Chez tous, on retrouve une trace de l'hypothèse hardie avancée par Leibnitz trois siècles plus tôt : le fond de la réalité ne serait pas composé de particules matérielles mais de cette chose tout autre, immatérielle, qu'est l'information.

Une sorte de code crypté sous la forme d'équations mathématiques avant le Big Bang ? Peut-être. En tout cas, une autre manière de dire, avec Galilée : « La mathématique est l'alphabet dans lequel Dieu a écrit l'univers » et « le livre de la nature est écrit en langage mathématique ». Nous reviendrons sur tout cela dans notre conclusion.

Pour l'heure, nous voici prêts à aborder le second grand mystère. Quelle est la forme de l'Univers ? À quoi ressemble-t-il ? Loin de ce que l'on croit et répète aujourd'hui, la réponse va, sans aucun doute, quelque peu vous surprendre.

Chapitre 8

L'Univers est-il rond ?

Il vous est sûrement arrivé, en levant vos yeux vers les étoiles, de vous demander à quoi ressemble le cosmos dans lequel vous vivez. Plus prosaïquement, si l'on va tout droit devant soi, que se passe-t-il ? Est-ce que l'on avancera sans jamais rebrousser chemin, jusqu'à l'infini ? Ou bien, au contraire, reviendrons-nous un jour à notre point de départ, au terme d'un immense voyage ?

Ici, une bonne nouvelle : Planck apporte une première réponse, beaucoup plus précise – sept cents fois plus précise – que celles proposées par COBE et WMAP. Toutefois, disons-le sans détour : nous pensons que la présentation officielle publiée par les experts de Planck (et par la majorité des astrophysiciens) quant à la forme de notre Univers coïncide mal – très mal – avec la réalité observée.

*

Quelle est la forme – autrement dit la « topologie » – de cet Univers que nous voyons tous les jours et dans lequel nous vivons ? Le tout premier à avoir osé – quoique très indirectement – soulever cette question sous l'angle de la science s'appelle Bernhard Riemann. Un nom aujourd'hui mythique. Son empire s'étend sur toutes les mathématiques du XIXe siècle et bien au-delà.

Nous le retrouvons par une belle journée d'été, le 10 juin 1854, dans la salle des actes de la légendaire université de Göttingen. En cette saison, il fait beau en Basse-Saxe. La fenêtre est grande ouverte sur les arbres et le ciel. Ce fils de pasteur (lui-même ancien séminariste) n'a que vingt-huit ans. Dans la vie de tous les jours, il est d'une timidité maladive et il lui arrive parfois de bredouiller des paroles incompréhensibles à l'abri de sa barbe lorsqu'on lui pose une question. Mais tout s'arrange quand il est face à un tableau noir. Et c'est justement le cas ce jour-là à Göttingen. Le jeune Bernhard doit présenter à ses pairs (des professeurs et quelques étudiants) le mémoire d'habilitation qu'a choisi Gauss – Karl Friedrich Gauss, l'un des plus grands mathématiciens de l'histoire. Ce fin connaisseur de l'enseignement sait qu'il a donné à son élève le sujet le plus difficile. Un monument de questions ouvertes, qui porte sur les fondements même de la géométrie. Gauss brûle de voir comment ce galopin de Riemann va s'en tirer avec quelque chose d'aussi compliqué. Et au moment où Riemann prend la parole, Gauss ne sait pas encore qu'il va vivre un moment historique.

À voix basse, Riemann se lance. Il commence par ce qu'il y a de plus simple au monde, un point dans l'espace. Suivent la ligne et le plan. Puis, peu à peu, sous les yeux médusés des savants, il reconstruit toute la géométrie. D'abord celle dont nous avons l'habitude, la géométrie plane. Déjà, ceux qui le suivent sont essoufflés. Va-t-il s'arrêter là ? Certainement pas. Ce jour-là, guidé par une grâce qui vient d'ailleurs, le jeune étudiant s'engage sur les pentes encore inconnues, jamais explorées, des espaces courbes. Et pour tous c'est le choc, Gauss en tête. En dehors du vieux professeur, littéralement subjugué par les calculs qui se succèdent au tableau noir, pratiquement aucun des auditeurs figés sur leurs bancs n'a compris un traître mot de ce que le candidat a raconté. Or, parmi les hypothèses qui tournoient vers l'infini, deux touchent de plein fouet la cosmologie. Et éclairent d'un jour tout nouveau la question qui ouvre notre chapitre.

En premier lieu, comme galvanisé par le verre de liqueur dans lequel il a trempé ses lèvres le matin, Riemann énonce sur un ton de plus en plus hardi que si notre Univers est caractérisé par une courbure constante et positive, alors il peut être représenté par une sphère à trois dimensions. Une « hypersphère », comme il le murmure à son maître avec un sourire humble. L'exploit est déjà démesuré puisque c'est ce modèle d'espace sphérique à trois dimensions que va utiliser tel quel Einstein, pratiquement sans modifier une virgule. Faut-il s'en étonner ? Bien plus tard, Einstein lance à propos des idées révolutionnaires de Riemann : « Seul le génie de Riemann, solitaire et incompris, avait déjà ouvert la voie vers une nouvelle conception de l'espace. » Et il n'est pas le seul à le penser puisque l'un des maîtres de la théorie quantique, le prix Nobel Max Born, a déclaré à son tour que l'idée de représenter l'Univers par une sphère à trois dimensions est « l'une des plus grandes idées sur la nature du monde qui ait jamais été conçue ».

Mais la seconde idée de Riemann va encore plus loin. Elle est à peine esquissée à l'oral, en réponse à une question, mais elle a de quoi clouer sur place ceux qui l'entendent. Qu'affirme-t-il avec le plus grand naturel ? Tout bonnement que rien n'empêche la sphère qui représente l'Univers de changer de rayon ! Celui-ci peut grandir avec le temps sans que le modèle sphérique soit jamais remis en cause. À ce stade, la présentation de Riemann devient proprement renversante. Car de quoi nous parle-t-il ? De rien d'autre que d'une représentation possible de l'espace-temps en expansion. À ceci près qu'il a cent cinquante ans d'avance.

Justement, nous ne sommes qu'au milieu du XIXe siècle. La vision a beau s'inscrire dans les mémoires (notamment celle de Gauss) en lettres de feu, elle passe largement au-dessus de ce qu'on était alors prêt à absorber. Aussi l'image étincelante va-t-elle disparaître à l'horizon, tel un bolide qui file dans la nuit.

Pourtant, tout n'est pas perdu, loin de là. Nous allons voir pourquoi dans les lignes qui suivent.

*

Mais avant cela, il est temps de revenir vers notre satellite. Que nous dit-on sur la forme de l'Univers ? Que l'espace à trois dimensions est *plat*.

Plat comme la table !

Étrangement, ce point de vue (qui prend le contre-pied des idées de Riemann et d'Einstein) est partagé par une majorité d'astrophysiciens. Sur le site de Planck, on peut même lire cette affirmation pour le moins dérangeante dans le paragraphe de présentation de la géométrie de l'Univers : « Quant à la géométrie, l'espace est plus plat que jamais[1] ! » Pourquoi cette sorte de jubilation ? Ce commentaire officiel, repris partout, fait vaguement penser à quelque chose comme une curieuse victoire sur l'Univers, aplati « comme une crêpe » (selon une expression à présent en vogue dans les milieux astrophysiques).

Revenons à la réalité, celle des chiffres. Les données exploitables fournies par le satellite conduisent à une interprétation sensiblement différente du discours officiel. Laquelle ? Comme vous allez le voir par la suite, les résultats des mesures débouchent sur une intéressante conclusion, qui prend le contre-pied de ce que martèlent depuis le 21 mars 2013 les équipes du satellite : l'espace à trois dimensions, selon nous, n'est pas – ne peut pas être – rigoureusement, *exactement*, plat. Affirmer que l'Univers est plat nous semble aussi déraisonnable que de croire que la Terre est plate.

1. Cf. http://public.planck.fr/resultats/207-geometrie-de-l-espace-et-contenu-de-notre-univers

*

Commençons par rappeler quelques petites choses toutes simples. L'Univers possède quatre dimensions – trois pour l'espace, une pour le temps. C'est machinalement que nous visualisons n'importe quel objet à trois dimensions (une table, une maison, un chien, une voiture). Tout simplement parce que nous voyons ces objets depuis l'extérieur. Mais que se passe-t-il pour l'Univers ? Tout se complique ! Car cette fois, nous ne pouvons le voir que de l'intérieur. En plus, il est immense – bien plus grand que sa partie observable – et nous n'en apercevons qu'une infime portion. Résultat : impossible de dire par l'observation habituelle depuis la Terre à quoi ressemble notre cosmos. Or, c'est là qu'interviennent – une fois de plus – les satellites astronomiques. Grâce à eux, on peut espérer, pour la première fois, avoir une idée plus précise de la forme de notre Univers.

Comment s'y prend-on ?

Le secret consiste à calculer la densité de l'Univers. Plus exactement son contenu matériel. Puis, dans un deuxième temps, à le comparer à ce qu'on appelle la « densité critique ». De quoi s'agit-il ? De la densité idéale correspondant à un espace rigoureusement plat. Le reste suit facilement. Lorsque le rapport entre la densité moyenne et la densité critique est égal à 1, alors l'espace est exactement plat (on dit « euclidien »). Si ce rapport (appelé oméga) est inférieur à 1, l'Univers est ouvert et sa géométrie, courbe, est celle d'une « selle de cheval » à trois dimensions. Au contraire, si ce rapport est supérieur à 1, l'Univers est fermé et sa courbure est positive (ce qui pourrait nous donner, entre autres, la forme d'une sphère à trois dimensions).

À présent, que nous disent les mesures des satellites WMAP et Planck ?

Pour que l'espace à trois dimensions soit absolument plat (comme l'affirment avec allégresse les commentateurs de Planck dans leurs nombreux articles), il faudrait qu'oméga soit rigoureusement, *exactement*, égal à 1. Est-ce le cas dans les mesures rapportées par les deux satellites ? Non. Pour nous en convaincre, commençons par nous reporter à l'article publié le 30 janvier 2013 sous le titre « WMAP : neuf ans d'observations[1] ». Au tableau 9 (page 19), on peut voir affiché en toutes lettres que le paramètre oméga (de densité totale) n'est pas égal à 1 mais à 1,037. À cette valeur positive il faut rajouter des « barres d'erreurs », provenant de l'incertitude des mesures. Mais justement : lorsqu'on pondère le résultat par ces inévitables incertitudes, c'est à nouveau la valeur (très) légèrement supérieure à 1 qui est favorisée. De quoi faire réfléchir.

Et Planck ? Voyons de plus près l'article « Planck 2013 Results. Cosmological Parameters[2] ». Une nouvelle fois, le 22 mars 2013, on y découvre à propos du calcul le plus complet et le plus fin d'oméga que celui-ci n'est pas rigoureusement égal à 1 mais, là encore, compte tenu des barres d'erreurs, qu'il a une valeur de très peu supérieure à 1. À partir de là, la conclusion est pratiquement inévitable : contrairement à ce qui est dit et répété partout, l'espace à trois dimensions n'est évidemment pas plat mais comporte une très légère courbure,

1. http://arxiv.org/pdf/1212.5226v2.pdf
2. http://arxiv.org/abs/1303.5076

pratiquement indécelable, car elle renvoie à un objet immensément grand. Un peu comme la Terre que l'on voit plate depuis sa surface alors qu'en réalité, elle est courbe. Bref, les données de Planck favorisent une courbure à peine positive (nous dirons « marginalement positive »).

Ici, précisons que nous ne sommes heureusement pas les seuls à revenir à une juste interprétation des données. Il y a une dizaine d'années déjà, certains astrophysiciens appartenant à la mission du satellite américain WMAP avaient conclu à la possibilité de cette courbure positive à la marge. Le 27 février 2007, le chef de mission David Spergel et vingt et un autres astrophysiciens ont publié sur la première archive scientifique mondiale les résultats de trois ans d'observations du satellite WMAP. Et à la page 57, ils n'hésitent pas à écrire noir sur blanc que les mesures recueillies par WMAP à partir de l'étude du rayonnement cosmologique sont clairement en faveur d'un « Univers presque plat[1] ». Ici, aucun

1. D.N. Spergel *et al.*, « WMAP Three Years Results : Implications for Cosmology », http://arxiv.org/abs/astro-ph/0603449

doute possible, « presque plat » ne veut pas dire « exactement plat ». Pour s'en convaincre autrement, il suffit de se reporter à l'un des articles publiés sur le site de la NASA, signé par les meilleurs experts de WMAP (Charles Bennet, David Spergel, Gary Hinshaw, Eiichiro Komatsu, Gregory Tucker, etc.). En page 15, on peut y lire à propos des mesures effectuées par le satellite américain : « Tandis que ce résultat est compatible avec un Univers plat, le modèle préféré est légèrement courbé et fermé[1]. » Et en France, que dit-on à propos des résultats de WMAP concernant la topologie de l'Univers ? Là aussi, que les chiffres pointent en direction d'un espace muni d'une très légère courbure positive. C'est écrit aujourd'hui en toutes lettres sur le site du laboratoire « Astroparticule et cosmologie » de l'université Paris-7 : « La position du premier pic acoustique est compatible avec un univers spatialement plat, mais la valeur préférée par

1. D. Larson, J. Dunkley, G. Hinshaw, E. Komatsu, M.R. Nolta, C.L. Bennett, B. Gold, M. Halpern, R.S. Hill, N. Jarosik, A. Kogut, M. Limon, S.S. Meyer, N. Odegard, L. Page, K.M. Smith, D.N. Spergel, G.S. Tucker, J.L. Weiland, E. Wollack, E.L. Wright, « Seven-year Wilkinson microwave anisotropy probe observations : power spectra and wmap-derived parameters », 26 janvier 2010.

l'ajustement est en fait légèrement positive, donnant un univers fermé mais de taille nettement plus grande que la partie visible de l'univers (l'intérieur de l'horizon)[1]. »

D'un espace plat, nous voici donc irrésistiblement ramenés à un espace à courbure positive, c'est-à-dire un espace « fermé ». D'ailleurs, un argument supplémentaire en faveur d'un espace à trois dimensions fermé vient de nous être fourni par Planck. En effet, il apparaît qu'aux grandes échelles, les fluctuations de température observées sont assez nettement inférieures aux valeurs attendues. Qu'est-ce que cela peut vouloir dire ? Entre autres que l'Univers dans lequel se sont produites ces fluctuations a un volume fini. Si les vaguelettes d'une piscine sont plus petites que les vagues de l'océan, c'est simplement parce que la piscine est minuscule en comparaison d'un océan.

Déjà, le 17 septembre 2004, pour en avoir le cœur net, nous avions demandé au célèbre physicien George Ellis (coauteur avec Stephen Hawking d'un ouvrage

1. http://www.apc.univ-paris7.fr/APC_CS/content/le-fond-diffus-cosmologique-cmb

de premier plan sur l'espace-temps) si les résultats fournis par WMAP étaient bien en faveur d'un espace à courbure positive. Il nous avait aussitôt répondu par mail : « Oui, c'est correct – quoique beaucoup de gens résistent à cela[1]. »

*

Récapitulons. La courbure positive de l'espace à trois dimensions implique que l'Univers est nécessairement « fermé » (un peu comme la Terre est fermée sur elle-même).

Mais à partir de là surgit cette nouvelle question : quelle est la topologie – la forme – de cet espace fermé (en mathématiques, on parle d'espace « compact ») ? Le choix ne manque pas.

Pour répondre, nous allons revenir à une caractéristique toute simple, et, qui plus est, absolument naturelle, de notre bon vieil espace. En effet, l'endroit à trois dimensions dans lequel nous vivons ne présente nulle

1. George F.R. Ellis, courrier adressé aux auteurs le 17 septembre 2006.

part de « déchirures ». Autour de nous, où que nous allions, l'espace est lisse et sans « trous ». On peut traverser la rue à pied ou l'océan Atlantique en avion sans avoir jamais le moindre risque de tomber dans un trou ou une faille de l'espace-temps. Une hypothèse raisonnable est que ceci est vrai partout dans le reste de l'Univers. En langage mathématique, nous dirons que notre espace est « simplement connexe ». À titre d'exemple, à la page 264 de son excellente *Introduction à la cosmologie*, Matts Roos, de l'université d'Helsinki, rappelle sans états d'âme : « Nous assumons tacitement que notre Univers est simplement connexe[1]. » Pour plus de confort, reportons-nous une nouvelle fois aux toutes récentes conclusions de la mission Planck. Dans l'article détaillé consacré, toujours en mars 2013, à la topologie de l'Univers, les quelque deux cent cinquante signataires sont d'accord pour affirmer dès les premières lignes de l'introduction : « Les modèles d'espace-temps les plus simples sont globalement isotropes et

1. Matts Roos, *Introduction to Cosmology*, John Wiley & Sons, 2004.

simplement connexes[1]. » Il nous a paru naturel – presque incontournable – de choisir le modèle le plus simple. Et c'est donc au nom de ce principe de simplicité que nous suggérons (fortement) que l'Univers est simplement connexe.

Mais il n'y a pas que cette affaire de « trous » dans l'espace. Selon nous, il est tout aussi raisonnable de penser que notre Univers n'a pas de bords. Là encore, l'analogie avec la Terre nous sera utile. En effet, on peut aller tout droit sur notre planète sans jamais se trouver tout à coup au bord d'un gouffre. Autrement dit, on ne rencontre jamais de limites sur notre monde. De la même manière, il est plausible d'affirmer qu'on ne rencontrera jamais le moindre « bord », la moindre limite à l'Univers. Il s'agit d'un point de vue largement accepté aujourd'hui.

En bref, que peut-on tirer de tout ce qui précède ? Que vraisemblablement, notre espace à trois dimensions est un espace *fermé*,

1. « Planck 2013 results. XXVI. Background geometry and topology of the Universe », http://planck.caltech.edu/pub/2013results/Planck_2013_results_26.pdf

sans bord et *simplement connexe* (c'est-à-dire sans trous).

À partir de là, les choses deviennent vraiment passionnantes. En effet, quelle est, à trois dimensions, la seule forme possible fermée, sans bords et « simplement connexe » ? La réponse, qui représente l'un des plus hauts sommets des mathématiques, nous a été donnée par Poincaré au début du siècle dernier. Elle a de quoi fasciner.

Vous vous en souvenez peut-être, la sphère à trois dimensions est la forme adoptée par Riemann pour son modèle et par Einstein pour le sien. Ce qui, évidemment, nous incite à penser que le choix de la sphère est « le bon ».

*

Par ce beau matin de l'année 1904, le grand Poincaré est de bonne humeur. Il vient d'achever l'énoncé d'un problème auquel il a réfléchi toute la nuit sans fermer l'œil. Tout en savourant une bonne tasse de thé, il est à peu près certain que cette conjecture est, de loin, la plus importante de sa vie.

En un éclair foudroyant, il a « vu » la solution. Mais il sait que la démonstration sera difficile. Pour preuve, il a pris soin de griffonner au bas de l'énoncé ces quelques mots prophétiques : « Mais cette question nous entraînerait trop loin. » Trop loin ? Ce n'est rien de le dire ! Il faudra plus de cent ans d'efforts acharnés – cent ans de solitude – à des milliers de mathématiciens avant que la terrible conjecture soit enfin démontrée, en 2006. En 2000, la fameuse énigme a même été couchée sur les régistres de la Fondation Clay aux côtés des « sept problèmes du millénaire », les sept questions mathématiques les plus importantes – mais aussi les plus ardues – de toutes les mathématiques.

Que nous dit Poincaré dans la redoutable conjecture qui porte désormais son nom ? Simplement ceci : un espace à trois dimensions, fermé, sans bords et simplement connexe est nécessairement une sphère à trois dimensions. Le problème paraît presque enfantin de simplicité. Beaucoup se sont dit qu'il leur faudrait à peine une heure ou deux pour en venir à bout. Mais c'était sous-estimer gravement la hauteur de la colossale montagne à gravir. Pendant cent deux ans, des générations de mathématiciens (parmi les meilleurs du monde, David Hilbert, Felix Klein, Herman Minkowki, Hermann Weyl et des milliers d'autres) se sont lancés dans d'interminables calculs, ont noirci des milliers de feuilles blanches, passé de dures années à échanger leurs idées, tout cela en pure perte ! Jusqu'à ce qu'un beau jour un Russe presque inconnu, Gricha Perelman, résolve enfin le terrifiant problème.

Perelman !

Le mystérieux mathématicien vit reclus en compagnie de sa vieille mère, quelque part à Saint-Pétersbourg (non loin d'un des quartiers dans lesquels le mathématicien Alexander Friedmann, le mythique fondateur de la théorie du Big Bang, aimait à se promener en compagnie de son turbulent élève, George Gamow). Très vite, Perelman se révèle être un mathématicien prodige. En 1982, à seize ans, le voilà médaille d'or des Olympiades internationales de mathématiques. Son score ? 42 points sur 42 ! Il soutient sa thèse à vingt-quatre ans et se lance à corps perdu dans des travaux vertigineux avec Alexandr Alexandrov, un autre géant des mathématiques, également physicien et grand alpiniste. Une fois de plus, la boucle est bouclée en Russie puisque Alexandrov a passé sa thèse sous la direction de Vladimir Fock, lui-même élève (avec Gamow, toujours lui !) du grand Friedmann.

En 1992, jeune médaillé de la Société mathématique de Saint-Pétersbourg, Perelman entame la tournée des plus grandes universités américaines. Mais dès 1995, il commence à battre en retraite face aux honneurs. Princeton et Stanford lui font des offres à prix d'or ? Qu'à cela ne tienne ! Préférant mille fois retourner au pays natal, il refuse tout en bloc. Puis c'est le silence. On perd sa trace. Il ne publie plus rien pendant sept ans. Jusqu'au jour où, bizarrement, il poste un court article de 39 pages sur l'arXiv scientifique de Cornell. La méthode prend tout le monde de court, tant elle est inhabituelle. Mais dès les premières lignes, les mathématiciens du monde entier restent bouche bée : ils ont sous les yeux, sous une forme encore rudimentaire mais incontestable, la preuve de la mythique conjecture de Poincaré ! Très vite, deux autres articles suivent, toujours par le même canal. Cette fois, plus aucun doute : la conjecture est démontrée. Une fois pour toutes !

*

Depuis sa victoire spectaculaire, Perelman s'est à nouveau muré dans le silence. En août 2006, il s'est vu offrir la médaille Fields et, dans la foulée, le grand prix d'un million d'euros de la Fondation Clay en 2010. Peine perdue ! Inébranlable, le Russe irascible a haussé les épaules et claqué la porte à toutes les récompenses, à toutes les offres, argent et voyages compris ! Et bien entendu, pas question d'interviews. Lorsque les journalistes parviennent à pénétrer dans son immeuble, il leur répond (à travers la porte, qu'il bloque avec le pied) : « Je ne suis ni un héros ni un génie et je ne veux pour rien au monde qu'on me regarde ! » Une fois, l'une de ses voisines a jeté un coup d'œil dans son logis. Elle n'y a vu qu'une table, un vieux tabouret et un matelas poussiéreux. C'est tout.

Mais l'énigmatique mathématicien proclame qu'il n'a besoin de rien. Lorsqu'il était encore en pleine activité et qu'un problème était vraiment difficile, il s'arrêtait de manger – et même de dormir – jusqu'à ce qu'il tienne la solution. Cela lui est arrivé plus souvent qu'à son tour avec la terrible conjecture. Pourtant, lorsqu'on la lit, la démonstration de Perelman dégage une surprenante impression de simplicité. Même s'il a fallu trois ans aux experts pour vérifier et valider la longue série de calculs.

Il semble aujourd'hui que, tel Rimbaud renonçant à la poésie pour toujours, Perelman ait tourné à jamais le dos aux mathématiques. Pour retourner dans l'ombre. Reste qu'avec cet exploit unique, la conjecture de Poincaré a changé de nom pour devenir le théorème de Poincaré-Perelman. Quant à la sphère à trois dimensions, elle nous apparaît désormais comme l'objet le plus naturel et le plus pur de tout l'Univers.

*

Justement, revenons à l'Univers.

Nous venons de le voir plus haut, l'espace à trois dimensions est lisse, sans bords et fermé. Par conséquent, nous déduisons logiquement du théorème de Poincaré-Perelman que l'espace à trois dimensions (muni, bien sûr, des trois propriétés ci-dessus) a *nécessairement* la forme d'une sphère à trois dimensions (comme la sphère terrestre, mais avec une dimension de plus). Mais ici, faisons attention. Contrairement à la sphère à trois dimensions imaginée par Einstein, dans notre approche, l'hypersphère représentant l'Univers n'est pas fixe. Pourquoi donc ? Tout simplement parce que, de même qu'un ballon (qui n'a que deux dimensions) est le bord d'un espace à trois dimensions, notre sphère à trois dimensions est le bord de l'espace-temps (qui, justement, a quatre dimensions). Ceci signifie que le rayon de cette sphère n'est autre – ne peut pas être autre chose – que le temps ! Et c'est pour cette raison qu'à chaque instant, la sphère tridimensionnelle représentant notre espace de tous les jours change inéluctablement de rayon. Au passage, tout ceci nous permet de comprendre de manière naturelle pourquoi notre Univers est en expansion.

Encore un mot. Le modèle fermé « concurrent », évoquant cette sorte de « sphère à facettes » qu'on appelle *dodécaédron*, et défendu depuis des années par un petit groupe en France, nous a toujours semblé bien peu réaliste et se trouve aujourd'hui largement disqualifié par les observations (en particulier celles du satellite Planck). Outre qu'il est très arbitraire de prétendre que l'espace dans lequel nous vivons est « multiconnexe », il n'a été décelé dans le rayonnement fossile ni la trace des facettes ni celle des cercles tant espérés par les auteurs de ce modèle en voie de disparition. En revanche, nos calculs – relayés aujourd'hui par ce qu'on observe – nous ont toujours poussés vers la même conclusion : tout comme la Terre est ronde, on peut aussi dire que l'Univers est rond.

Si, jusqu'ici, la balance semblait pencher en faveur d'un Univers plat, c'est que – comme l'indiquent les données mesurées – la courbure de la sphère susceptible de représenter l'espace à trois dimensions est infime. Ne l'oublions pas, en raison de son expansion, le rayon présumé de notre

Univers observable est d'environ 50 milliards d'années-lumière. Nous sommes donc bel et bien dans un Univers « presque plat ». Mais, encore une fois, pas *exactement* plat. Notre conclusion est donc sans détour : si nous prenions la route droit devant nous, au terme d'un immense cercle, nous finirions par revenir à notre point de départ.

Pouvons-nous visualiser la forme de cet Univers rond ? Hélas, c'est impossible. Au lieu d'être, comme la Terre, une surface à deux dimensions courbée dans la troisième dimension (précisons-le, l'intérieur de la sphère ne fait pas partie de la sphère), notre espace ordinaire à trois dimensions doit être vu comme une surface à trois dimensions courbée dans une quatrième dimension. Autrement dit, nous existons non pas *sur* mais *dans* la surface à trois dimensions de la sphère. D'où l'impossiblité de la voir depuis l'extérieur. Mais la conclusion nous semble aujourd'hui solidement établie : de même que la Terre est ronde, l'Univers tout entier est rond !

*

Finalement, que signifie tout ceci ? Le fait que l'espace dans lequel vous êtes en train de lire ces lignes est probablement rond a d'immenses conséquences. Car cette sphère contient un secret. Quelque chose qui va nous permettre de nous poser une question qui, à juste titre, hante chacun d'entre nous : l'Univers est-il né par hasard ?

Est-il possible de répondre ? C'est ce que nous allons voir à présent.

Chapitre 9

L'Univers est-il né par hasard ?

Quel rôle le hasard joue-t-il au moment du Big Bang ?

Aujourd'hui, les physiciens s'accordent à peu près tous à reconnaître qu'à l'instant de Planck – l'instant du Big Bang –, l'Univers est puissamment encadré par un implacable cartel de lois et de paramètres cosmologiques qui gouvernent à chaque instant chaque étape de la naissance de la matière. À tel point que certains n'hésitent pas à dire que si l'Univers est unique, alors sa naissance, si parfaitement ordonnée, est vraiment un « miracle ». Quelque chose qui n'a d'ailleurs pas échappé à George Smoot, qui observe dans son livre (où chaque mot est pesé) : « Le Big Bang, l'événement le plus cataclysmique que nous puissions imaginer, à y regarder de plus près, apparaît finement orchestré[1]. » En effet ! Prenons un exemple aujourd'hui bien connu (et largement accepté par les scientifiques). Si, une seconde à peine après le Big Bang, le taux d'expansion de l'Univers avait été à peine plus lent (de un milliardième), alors, inéluctablement, le cosmos n'aurait pas pu s'arracher à la gravitation et se serait effondré sur lui-même en un magma informe ! À l'inverse, un Big Bang un milliardième plus « rapide » et la matière se serait dispersée en poussière dans le vide, ne laissant aucune chance aux étoiles de se former.

Ce qui est vrai pour le taux d'expansion l'est également pour tous les grands paramètres, toutes les grandes constantes qui, par leur jeu combiné, « règlent » l'évolution de l'Univers depuis l'instant du Big Bang. Si un seul de ces paramètres ou de ces grands nombres avait été un tant soit peu différent,

1. George Smoot, *Wrinkles in Time*, William Morrow and Co, New York, 1994.

même d'une valeur infime, non seulement la vie n'aurait jamais pu émerger de la matière, mais la matière elle-même n'aurait jamais pu se former et l'Univers entier serait resté prisonnier du chaos.

*

Pour nous en convaincre, revenons sur un exemple qui, depuis des décennies, frappe les scientifiques. Nous avons vu au chapitre précédent que l'Univers aujourd'hui est « presque » plat. Qu'est-ce que cela signifie ? Simplement que la densité moyenne de matière dans l'Univers est pratiquement identique à ce qu'on appelle la densité critique, c'est-à-dire la densité correspondant à un espace rigoureusement plat. Une autre façon, plus simple, de comprendre cette situation pour le moins extraordinaire consiste à dire qu'il y a tout juste « la bonne quantité » de matière dans l'Univers pour qu'il soit pratiquement plat. Nous l'avons vu au chapitre précédent, les chiffres les plus récents fournis par Planck en mars 2013 montrent que le rapport entre la densité moyenne et la densité critique (appelé, comme vous le savez, oméga) est extrêmement proche de 1. Or, c'est à ce stade que commence le mystère du « réglage initial ». En effet, très intrigués par cette question, Gamow et Weinberg (inoubliable auteur du best-seller *Les Trois Premières Minutes de l'Univers*) ont calculé la densité moyenne de l'Univers juste trois minutes après le Big Bang. Ils ont trouvé qu'elle correspondait à peu près à celle de l'eau (1 gramme par centimètre cube). Or, ceci veut dire que le rapport entre densité moyenne et densité critique à cette époque atteignait la valeur ultra-précise de 1,00000000000001. Un chiffre déjà fantastiquement proche de 1. Mais ceci n'est encore qu'un avant-goût de ce qui se passe. En effet, plus on se rapproche du Big Bang, plus le nombre oméga « s'ajuste », devient précis et se rapproche de 1. À tel point qu'à l'instant même du Big Bang, oméga prend la valeur inconcevable de 1,000 000 000 000 000 000 000 000 000 000 000 000 000 000 000 000 000 000 000 000 000 000 01 ! Aussi ahurissant que cela puisse paraître, le rapport entre densité moyenne et densité critique ne dévie alors de 1 qu'à la soixante-deuxième décimale ! Ce qui fait qu'au comble de la perplexité, Smoot s'est exclamé : « Une valeur si proche de 1 ne peut pas être le fait du hasard, et les gens raisonnables pensent que quelque chose oblige oméga à être égal à 1[1]. »

Que pourrait donc être ce « quelque chose » ? Peut-être bien ce qu'on appelle, depuis Einstein, la « constante cosmologique ». Il s'agit d'un nombre pur. Mais un nombre d'une incroyable petitesse. C'est lui qui « règle » la densité de l'Univers pour qu'il ait juste la « bonne » valeur. Cette fameuse constante s'écrit 0, puis la virgule, puis 119 zéros derrière, avant d'atteindre enfin le chiffre 1 ! Par quel miracle est-ce possible ? Par quel prodige cette mystérieuse constante a-t-elle si *exactement* la valeur qu'elle doit avoir ? Ce qu'on sait, c'est que la constante cosmologique résulte de la somme des contributions positives provenant des forces de la nature et, d'autre part, des contributions négatives en provenance de la matière. Or, ces contributions s'annulent « presque ».

1. George Smoot, *Les Rides du temps, op. cit.*

Mais pas complètement. En réalité, comme le notent les physiciens, il apparaît, tout au bout de l'interminable défilé des zéros, une valeur non nulle. Au 120ᵉ rang derrière la virgule ! Autrement dit, la constante cosmologique n'a qu'une seule chance sur un milliard de milliard de milliard de milliard de milliard de milliard de milliard de milliard de milliard de milliard de milliard de milliard de milliard de tomber pile sur la « bonne valeur » par hasard ! Et finalement, si elle avait été un tout petit peu plus grande, l'expansion aurait été trop rapide pour que les étoiles et les galaxies aient le temps de se former. À l'inverse, un tant soit peu plus petite, et l'Univers, incapable de se dilater correctement, serait resté un tas de matière informe.

Encore une fois, d'où vient ce prodigieux « ajustement » ?

*

Pour en savoir plus, plongeons maintenant au cœur de la première lumière. C'est peut-être là que nous allons trouver un début de réponse. Nous voici dans un océan de photons. Que constate-t-on ? Que la lumière primordiale est incroyablement « ordonnée ». Cet ordre, magnifiquement confirmé par les mesures du satellite Planck, se traduit par le fait que, d'un point à un autre du rayonnement fossile, la température est presque partout la même. À quelques millionièmes de degré près. Qu'est-ce que cela signifie ? Tout simplement que la première lumière est presque en état d'« équilibre thermique ». Pourquoi *presque* ? Justement – et c'est tout le sens des mesures des trois satellites astronomiques, COBE en tête – parce que, d'un point à un autre, il existe d'infimes variations de température. Certes, elles sont d'une fantastique petitesse (à peine quelques millionièmes de degré ici ou là) mais elles existent. Ces minuscules contrastes renferment même un fantastique secret, comme nous le verrons plus loin.

En attendant, il est assez simple de montrer que le comportement de la première lumière n'est pas livré au hasard. Comment s'y prend-on pour cela ? En évaluant ce qu'on appelle la « complexité de Kolmogorov » du fond diffus de l'Univers. De quoi s'agit-il ? D'un outil qui permet de mesurer la « complexité » d'un système. Cet outil a été utilisé avec succès sur la première lumière, en particulier par l'un des collègues du mathématicien Roger Penrose, le physicien Vahe Gurzadyan, de l'université de Yerevan[1]. Et que constate-t-on ? Que cette lumière a une faible complexité (au sens de Kolmogorov). Pourquoi ? Le physicien Sean Carroll nous donne un début de réponse de bon sens : « La complexité de l'Univers primordial est basse parce qu'il est très simple à décrire[2]. »

Or, cette simplicité observée a une conséquence importante, que certains mathématiciens, en particulier Gregory Chaitin, ont mise en évidence. En effet, lorsqu'un système comportant un grand nombre d'éléments a une faible complexité de Kolmogorov, cela signifie que les éléments caractérisant ce système *ne sont pas distribués au hasard*. Ramené au fond cosmologique diffus, cela veut simplement dire que les minuscules écarts de

1. http://arxiv.org/abs/astro-ph/9902133
2. http://fr.scribd.com/doc/113751713/From-Eternity-to-Here-Sean-Carroll

température que l'on observe, de l'ordre de quelques millionièmes de degré – et qui traduisent d'infimes variations de densité dans la matière naissante –, ces écarts, donc, ne sont pas distribués au hasard mais semblent obéir à une sorte de « loi ». C'est en tout cas la conclusion (malgré tout assez troublante) à laquelle sont ramenés aujourd'hui (plus ou moins malgré eux) les scientifiques. Un bon exemple de ce point de vue dominant nous est fourni par le physicien et théoricien américain Steve Carlip. Ce chercheur exigeant n'est pas le premier venu. Professeur à l'université de Californie, il est aujourd'hui connu pour ses contributions à l'étude du comportement de l'Univers au moment du Big Bang. Et naturellement, il a été fasciné par les images de la première lumière obtenues par le satellite américain WMAP. Or, à ses yeux, il n'y a aucun doute possible : les « taches » représentant les régions chaudes et froides ne sont pas distribuées au hasard. « Lorsque nous observons le rayonnement fossile, nous voyons des petites variations dans son spectre, qui proviennent de petites variations de densité. Ces variations ne sont pas dues au hasard, et leur modèle est prévisible et bien compris[1]. » Mais Steve Carlip ne se contente pas d'affirmer les choses, il veut aussi les établir solidement. C'est pourquoi il poursuit avec enthousiasme : « En particulier, l'on observe l'image précise de corrélations entre les "points chauds" (provenant de pics) et les "points froids" (provenant de creux). La théorie ne se contente pas de prédire quelques chiffres, mais propose une courbe extrêmement élaborée, et les observations tombent pile sur cette courbe[2]. »

À propos de courbe, et pour donner une idée du caractère hors du commun de cet état si ordonné de l'Univers dans son passé lointain, il suffit de rappeler que lorsque l'astrophysicien Richard Isaacman (l'un des responsables de l'analyse des données de COBE) a tout à coup reconnu au cœur de la première lumière, au millimètre près, les fascinantes courbes prédites par la théorie du spectre de corps noir, il a été saisi d'une indicible émotion : « J'ai senti que j'étais

1. http://newsgroups.derkeiler.com/Archive/Talk/talk.origins/2010-07/msg03973.html
2. *Idem.*

en train de regarder Dieu en face[1] », a-t-il confié quelque temps plus tard. Bien entendu, le satellite Planck a confirmé, avec plus de précision, cet équilibre presque parfait de la première lumière en l'an 380 000.

*

Encore un mot. La tentation est grande, face à ce rayonnement cosmologique si bien ajusté – au millionième près –, d'y chercher l'existence d'un « code » permettant d'en déchiffrer le sens. Descendant en roue libre sur cette pente, certains scientifiques (et non des moindres) vont jusqu'à risquer l'idée qu'il y a un « message » dissimulé dans ce fameux rayonnement. Un pas plutôt risqué, qu'il nous paraît dangereux de franchir. Pourtant, comme on l'a vu dans un précédent chapitre, c'est ce que n'a pas hésité à faire le physicien américain Anthony Zee. Revenons-y un instant.

Très écouté, Zee est quelqu'un qui compte dans les milieux de la physique théorique. D'abord parce qu'il a été l'élève

1. *Le Visage de Dieu*, *op. cit.*

de deux monuments de la science au plan mondial, l'académicien Sidney Coleman, de Harvard, et le lauréat de la médaille Fields Edward Witten, de Princeton. Ensuite, il est l'auteur du magistral ouvrage *Quantum Field Theory* (pour beaucoup la meilleure introduction à cette discipline difficile qu'est la théorie quantique des champs). En quelques années, Zee est devenu une véritable vedette à l'université de Santa Barbara pour la clarté et le caractère vivifiant de ses cours sur la relativité. Ajoutons, pour ce qui nous concerne, qu'il nous a fait basculer lorsque nous avons découvert dans son livre l'intérêt que, contrairement à la plupart de ses collègues, il porte à cet autre forme possible du temps qu'est le temps imaginaire : « Certains physiciens, moi y compris, sentent qu'il pourrait y avoir là quelque chose de profond, quelque chose que nous n'avons pas vraiment compris[1]. » Nous y reviendrons plus loin. Pour l'heure, rappelons qu'il s'est intéressé de près au rayonnement fossile. Il en a longuement étudié les détails. Et que

---

1. Anthony Zee, *Quantum Field Theory in a Nutshell*, Princeton University Press, 2003.

nous dit-il ? Quelque chose qui le met spectaculairement en porte-à-faux avec nombre de ses pairs. Mais pas avec ses convictions. Une chose est sûre, Zee et son collègue le physicien Stephen Hsu, professeur à l'université d'Oregon, n'y vont pas par quatre chemins.

Revenons en effet sur cet article pour le moins explosif, posté sur la sélective arXiv de l'université Cornell en 2005 et publié l'année suivante dans les pages du prestigieux journal à comité de lecture *Modern Physics Letters A*. Au risque de donner des sueurs froides à leurs collègues, Zee et Hsu n'ont aucune réticence à poser cette question ahurissante : « Supposons qu'un être ou des êtres supérieurs aient créé l'Univers. Nous n'abordons pas la question de savoir si oui ou non c'est probable, mais avançons simplement cette supposition. Supposons en outre qu'ils aient vraiment voulu nous informer que l'Univers a été créé intentionnellement. La question que nous posons est la suivante : comment pourraient-ils nous envoyer un message[1] ? »

1. http://xxx.lanl.gov/abs/physics/0510102

Sans états d'âme, les deux physiciens nous livrent alors leur réponse : « Nous sommes convaincus que le support pour ce message est unique : ce ne pouvait être que le fond diffus cosmologique. Celui-ci constitue en effet un panneau d'affichage géant dans le ciel, visible par toutes les civilisations technologiquement avancées. Comme les différentes régions du ciel sont causalement déconnectées, seul l'Être “présent au moment de la création” pouvait placer un message là-bas[1]. »

Étonnamment, cet article pour le moins provocant a été cité plus de dix fois, dont trois citations dans des revues scientifiques à comité de lecture. En guise de bouclier, Zee et Hsu prennent bien sûr la peine de souligner à l'encre rouge dans leur résumé de présentation : « Notre travail ne supporte pas le mouvement de l'Intelligent Design de quelque manière que ce soit[2]. » Peut-être. Mais pour notre part, en raison de son caractère excessif, nous n'incitons pas à le prendre au pied de la lettre. Évidemment pas. Son

1. *Idem.*
2. *Idem.*

mérite est ailleurs. D'abord il nous montre que la science peut être une façon élégante, argumentée, de pousser la réflexion – toute réflexion – vers ses frontières métaphysiques. Par ailleurs, il nous invite à réfléchir à ce que peut raisonnablement nous apporter le rayonnement fossile. Bien sûr, comme le pensent aujourd'hui tous les physiciens, c'est une véritable mine d'informations, d'une richesse immense, quasi inépuisable. C'est ce qu'écrivent en toutes lettres les chercheurs du laboratoire « Astroparticule et cosmologie » de l'université Paris-7 : « Les faibles écarts à l'isotropie sont très riches en informations[1]. »

Mais il y a peut-être plus.

Même si, à notre avis, le rayonnement fossile ne dissimule aucun « message », en revanche, comme nous l'avons suggéré ici et là, il nous paraît intéressant (et même, pourquoi pas, utile) de considérer qu'il pourrait peut-être porter la trace – comme certains membres de la mission Planck le pensent – d'un état de l'Univers antérieur au Big Bang.

1. http://www.apc.univ-paris7.fr/APC_CS/content/le-fond-diffus-cosmologique-cmb

Auquel cas cet état antérieur à la naissance de la matière pourrait être une pure information, au sens que la théorie de l'information donne à ce mot.

Mais, sans tomber dans des spéculations oiseuses, comment accéder raisonnablement à un tel état, si éloigné de ce que nous pouvons concevoir ? Si inaccessible à l'expérimentation ?

Il existe peut-être un début de piste ouverte par la science. Nous allons nous y aventurer prudemment. Pas à pas. Et découvrir en chemin, si ce n'est « la » réponse ultime, du moins un état extraordinaire, unique, de l'Univers au moment même du Big Bang. Vous allez le voir, les conséquences de cet état sont si étranges qu'elles ne manqueront pas de vous désorienter dans un premier temps. Mais ensuite de vous émerveiller.

Chapitre 10

L'ordre originel

En ce mois de décembre 1965, de lourds nuages noirs rasent les gratte-ciel de New York. Tournoyant dans les hauteurs béantes, la neige tombe sur la cité verticale, effaçant les traces des taxis jaunes qui circulent en patinant autour de Central Park. Le froid chasse dans l'ombre les silhouettes pâles qui tentent d'échapper aux flocons. Mais cette poussière glacée finit toujours par blanchir les épaules au moment où la nuit assombrit les chapeaux.

Heureusement, il fait bon dans le hall de ce grand hôtel non loin de la Cinquième Avenue. Confortablement installé dans un fauteuil de cuir rouge sombre, un jeune homme barbu griffonne des notes sur son carnet. Personne ne fait attention à lui. Et pourtant… Ce personnage au sourire discret et aux chaussures bien lustrées est devenu cette année-là, sans le vouloir, une sorte d'icône vivante. Non seulement en Amérique, mais dans le monde entier.

Son nom ? Robert Wilson.

Pour l'homme de la rue, c'est lui qui – avec Penzias – a apporté à l'humanité, avec la découverte du rayonnement fossile, la réponse tant attendue. La preuve de la création du monde ! Car quelques mois plus tôt, le 21 mai 1965, en prenant leur café du matin, des dizaines de millions d'Américains ont écarquillé les yeux en découvrant, en gros caractères à la une du *New York Times* : « Des signaux confirment que l'Univers est né d'un Big Bang ». En deux temps trois mouvements, la nouvelle de leur fantastique découverte s'est répandue sur toute la planète. Comme l'ont écrit certains journaux avec une pointe d'insolence, Wilson et Penzias ont fait mieux que bien des prédicateurs !

Toujours est-il que ce soir-là, Wilson, désormais invité à tous les congrès scientifiques aux quatre coins du monde, vient de rentrer du « Texas Symposium » rassemblant, comme chaque année, la fine fleur des astrophysiciens relativistes. Une aubaine pour rencontrer du monde. Et ce soir-là, vaguement intimidé, Wilson se lève et accueille le prestigieux visiteur qu'il attendait. De qui s'agit-il ? D'un certain George Gamow. Un physicien avec un fort accent russe, qui passe pour avoir découvert des choses extraordinaires dans sa jeunesse, lorsqu'il était encore derrière le rideau de fer.

Tout en se laissant tomber dans les profondeurs du fauteuil, Gamow ne perd pas de temps en civilités. Comme à son habitude, qu'il s'agisse d'une bonne ou d'une mauvaise nouvelle, il va droit au but. Il est contrarié. Après tout, explique-t-il en faisant des grands gestes, c'est lui, Gamow, qui, le premier, a prédit l'existence du rayonnement fossile ! Alors pourquoi ne jamais le dire ?

Abasourdi, Wilson fronce les sourcils. Il n'en croit pas ses oreilles. C'est la première fois qu'il entend dire qu'en dehors de ceux de Princeton, Peebles et Dicke, quelqu'un d'autre a pu prévoir l'existence de la fameuse radiation. Il faut à tout prix arrondir les angles. Peine perdue ! Gamow ne lui laisse pas le temps d'ouvrir la bouche. Plissant les yeux derrière ses lunettes, le Russe lance à voix basse : « Si je perds un sou dans la rue et que quelqu'un le ramasse, je sais que cette pièce est toujours à moi, même si je ne peux pas le prouver. » Soudain content de l'image qui lui est passée par la tête, Gamow commence enfin à se détendre. Donnant une petite tape sur l'épaule de Wilson, il lui fait comprendre d'un air entendu qu'après tout, il est au-dessus de tout ça. Que ce qui compte, c'est de faire avancer la science ! Il ne saura jamais qu'en 1978, Wilson allait recevoir le prix Nobel pour « sa » découverte. Il ne saura pas non plus que quarante-cinq ans plus tard, en avril 2010, le même Wilson nous a confié avec un fond de nostalgie dans la voix : « Il m'est difficile de dire ce que le comité Nobel aurait dû faire. Mais je crois que certains de mes collègues auraient dû partager le prix avec nous, en particulier, Gamow, Alpher et Herman qui, dans les années 1940, avaient prédit le rayonnement de fond issu d'un Big Bang ou encore Peebles et Dicke, qui étaient partie prenante de cette découverte[1]. »

Mais voilà que déjà le diable d'homme s'empare de son manteau, salue Wilson et tourne les talons. Les deux savants ne se reverront plus jamais.

Alors qu'il s'enfonce dans la nuit enneigée, luttant pour ne pas déraper sur le trottoir, souvenons-nous que ce qu'il n'a pas dit ce soir-là à Wilson – ou que Wilson n'a lui-même jamais répété – est plus important que cette bouffée de mauvaise humeur. Il ne lui a pas dit qu'en 1948, il a publié un article dans lequel il a prédit qu'au moment du Big Bang (ou peut-être juste avant) l'Univers a dû être dans un état extraordinaire, qui ne s'est plus jamais reproduit depuis avec une telle perfection. Ce que Gamow a « vu » avec ses élèves Alpher et Herman (mais sans jamais l'écrire clairement), c'est que dans une époque lointaine l'Univers

1. Postface au *Visage de Dieu*, *op. cit.*

se comportait comme ce qu'on appelle un « corps noir ». Autrement dit, qu'il se trouvait dans un état d'équilibre thermique à couper le souffle entre tous ses constituants élémentaires. Une prédiction lourde de conséquences. Encore plus que Gamow ne pouvait l'imaginer.

*

Faisons ici une première pause. Au chapitre précédent, nous avons vu que le spectre de corps noir conjecturé par Gamow puis explicitement prédit par Doroshkevich et Novikov a bel et bien été découvert en 1989 par John Mather au sein de la première lumière. Autrement dit, l'Univers en l'an 380 000 était dans un état d'équilibre « presque » parfait. Qu'est-ce que cela signifie ? Que pour trouver un équilibre plus grand, il va nous falloir remonter encore plus loin dans le passé de l'Univers. Justement, que se passe-t-il plus tôt, c'est-à-dire *avant* l'an 380 000 ? La réponse nous est fournie par le modèle cosmologique standard et elle est toute simple : plus on remonte loin dans le passé de l'Univers, plus cet équilibre thermique augmente. Y a-t-il une limite à notre voyage en arrière ? Oui, bien sûr ! C'est la fameuse frontière de Planck, 10 puissance moins 33 centimètre, la plus petite longueur physique qui ait encore un sens. Elle marque le point de départ du Big Bang. Or, que se passe-t-il à cette fameuse échelle de Planck ? Pour le découvrir, tournons-nous à nouveau vers les experts. À commencer par le légendaire astrophysicien de Cambridge Stephen Hawking. On le sait, il a beaucoup réfléchi aux différents aspects de ce qu'on appelle la thermodynamique dans le cosmos. Et pour lui, pas le moindre doute : « L'Univers a nécessairement été en équilibre thermique à l'échelle de Planck[1]. »

On ne peut être plus convaincant. Bien entendu, même si sa voix compte double, l'avis de Hawking est loin d'être isolé. Voici par exemple ce qu'en pense Peter Coles, l'un des astrophysiciens les plus prudents de la profession et qui représente parfaitement

1. In *Astrophysical cosmology ; Proceedings of the Study Week on Cosmology and Fundamental Physics*, Vatican City State, 28 septembre – 2 octobre 1981.

l'opinion dominante de ses collègues : « Cette radiation fossile trouve son origine à une époque de l'histoire thermique de l'Univers où l'équilibre thermique était réalisé[1]. »

Justement, l'époque la plus plausible pour que soit réalisé non pas l'équilibre complet mais le meilleur équilibre possible est bien le temps de Planck, comme le souligne l'ancien vice-recteur de l'Université des sciences de Chine, Lizhi Fang, aujourd'hui à l'université d'Arizona. Sans hésiter, il écrit à son tour, en compagnie de Remo Ruffini[2], président du Centre international d'astrophysique relativiste, professeur à l'université de Rome : « L'Univers a commencé approximativement en équilibre thermique à l'échelle de Planck[3]. » Même conclusion pour l'astrophysicien Mario Livio, l'un des responsables scientifiques du télescope spatial Hubble : « L'Univers a commencé dans

1. Peter Coles, *The Routledge Critical Dictionary of the New Cosmology*, Routledge inc, New York, 1999.
2. Entre autres, il a cosigné dans les années 1960 avec John Wheeler un article où, pour la première fois, est apparu un mot qui allait faire le tour du monde : « trou noir ».
3. In *Quantum Cosmology, Advanced Series in Astrophysics & Cosmology*, World Scientific, 1987.

un état d'équilibre thermique au moment du Big Bang[1]. »

Est-il encore possible d'être dans le doute ? Pour en avoir vraiment le cœur net, nous avons posé la question à George Smoot (particulièrement bien placé puisqu'il a obtenu le prix Nobel pour ses découvertes concernant les extraordinaires propriétés thermiques de la première lumière). Pour lui, le débat est tranché, comme il nous l'a écrit sans hésiter le 25 février 2010 : « Il est très probable que l'Univers a été en équilibre thermique à l'échelle de Planck, bien qu'il soit passé par de nombreuses transformations avant d'atteindre l'équilibre que nous observons aujourd'hui. À partir du rayonnement fossile, il est possible de "voir" que l'Univers était en équilibre au moins une heure après le Big Bang. De plus, la nucléosynthèse liée au Big Bang fournit une preuve solide que cet équilibre existait plus tôt encore, dès la première seconde[2]. »

*

1. https://blogs.stsci.edu/livio/2012/11/
2. E-mail de George Smoot aux auteurs le 24/02/2010.

Nous voici donc à peu près certains que l'Univers a été en équilibre thermique au temps de Planck. Mais en quoi est-ce si important ? Qu'allons-nous donc en tirer ?

Quelque chose de capital. Quelque chose qui, nous allons le voir au chapitre suivant, pourrait peut-être apporter un début de réponse au défi posé par les désormais célèbres (et très troublantes) « anomalies » qu'a mises en évidence le satellite Planck au cœur de la première lumière.

Suivons pas à pas le raisonnement. Lorsqu'un système, quel qu'il soit, est en équillibre thermique, alors il se trouve dans une condition très spéciale, que les physiciens appellent « état KMS ». Jusque-là, rien d'extraordinaire, ceci est la simple définition de l'état KMS. C'est donc tout naturellement que nous allons franchir ensemble une nouvelle étape. Puisque l'Univers entier est très probablement en équibre thermique à l'échelle de Planck, alors il se trouve *nécessairement* en état KMS à cette époque. L'affirmation est riche de conséquences et mérite que nous entrions un peu dans les détails.

Qu'appelle-t-on « état KMS » ? Cette magnifique théorie a émergé vers la fin des années 1950. Elle a immédiatement fait fureur chez les mathématiciens. Mais pas vraiment auprès des physiciens qui, pour la plupart rebutés par les mathématiques très inhabituelles de cette théorie, ont eu le plus grand mal à en saisir la portée (et même le sens). C'est malheureusement encore vrai aujourd'hui.

Les trois lettres K, M et S sont les initiales des trois savants qui ont été à l'origine de la théorie, vers la fin des années 1950. Il s'agit du mathématicien Kubo (un Japonais, lauréat du prix Boltzmann), de Martin (un autre mathématicien, célèbre pour son impressionnante capacité de calcul) et de Schwinger (prix Nobel de physique en 1965, avec Richard Feynman et Shin Tomonaga). Julian Schwinger était, depuis toujours, un ami proche de notre directeur de thèse, le physicien mathématicien Moshé Flato. Ceci nous a amenés de manière naturelle à prendre le chemin de la condition KMS pour étudier l'Univers primordial.

Voyons à quoi ressemble ce chemin. En gros, dans l'infiniment petit, la condition

KMS relie l'équilibre thermique d'un système quelconque à son évolution. Imaginez un funambule sur une corde. Il ne conserve son équilibre qu'au prix de mouvements incessants de son balancier. À présent, ce lien entre équilibre et évolution nous met sur la piste d'une nouvelle propriété, tout à fait spectaculaire. Lorsqu'un système quantique entre en état KMS, alors son temps propre (le temps réel qui jusque-là était le sien) cesse d'exister sous sa forme réelle. Comme l'ont montré les grands théoriciens de l'état KMS (Rudolf Haag, Marinus Winnink, Minoru Tomita, Masamichi Takesaki et d'autres), le temps jusqu'alors réel se transforme en un temps d'une autre nature (que les physiciens mathématiciens utilisent beaucoup dans leurs travaux) et qu'ils appellent le *temps complexe*. Souvenez-vous : un nombre complexe résulte de l'addition d'un nombre réel et d'un nombre imaginaire (ces nombres mystérieux, dont le carré est toujours négatif). Le temps complexe est donc, tout simplement, un temps hypothétique (mais largement utilisé en physique) qui a *deux* directions au lieu d'une seule :

une direction de temps réel (comme chez nous) et une direction de temps imaginaire (qui, jusqu’à preuve du contraire, n’a aucune chance d’exister dans notre réalité de tous les jours). Pour en donner une vague image (et en nous souvenant qu’il n’existe pas d’ordre dans les nombres complexes) un temps complexe pourrait être comparé à un temps sans ordre et sans aucune structure, où une minute pourrait durer une heure et – encore pire – où l’on sauterait brutalement de midi et demi à neuf heures du soir. Ce faisant, ce temps étrange, ce temps complexe qui ne nous est guère familier et dont nous ne pouvons avoir aucune image intuitive est vraisemblablement le temps des systèmes quantiques en état KMS.

*

Nous voici tout doucement poussés vers notre proposition (nous pourrions également dire notre conjecture). Celle-ci tient en quelques lignes. L’espace-temps au seuil du Big Bang est, par définition, un système quantique. En outre, comme nous l’avons vu, il est en équilibre thermique. Par conséquent, il est *nécessairement* en état KMS. Qu'allons-nous à présent en déduire de nouveau ? C'est la dernière étape de notre raisonnement : le temps de notre Univers en état KMS à l'échelle de Planck doit naturellement être considéré comme *complexe*. Autrement dit, à la dimension réelle du temps s'ajoute désormais une dimension imaginaire pure. Il est possible que cet état unique ait dominé le pré-espace-temps avant le Big Bang. Mais si c'est bien le cas, alors il est également possible que l'état KMS ait laissé une trace observable. Où allons-nous la chercher ? Tout naturellement au sein de la radiation fossile.

*

En 1994 est paru en France un ouvrage passionnant, signé George Smoot, retraçant la grande aventure du satellite COBE. Son titre ? *Les Rides du temps*. L'intuition est décapante. Ces rides résultant de la transformation du temps réel en temps imaginaire pourraient-elles être repérables, visibles au sein de la première lumière ?

Peut-être bien. Dans ce cas, les infimes fluctuations de la température primordiale pourraient être le reflet visible de l'équilibre thermique de l'espace-temps en état KMS.

Ceci nous conduit vers une conclusion presque risquée. Les fameuses anisotropies, ces infimes variations de température visibles sur tous les clichés du satellite Planck, ont peut-être pour origine, dans un passé lointain qui remonte au temps de Planck – juste avant le Big Bang –, les fluctuations du temps primordial. Auquel cas la carte du CMB pourrait nous renvoyer à une deuxième carte, bien plus ancienne : la carte KMS. Son empreinte est peut-être encore visible, en surimpression, dans l'image contrastée de la toute première lumière.

Et le Big Bang ? Il pourrait simplement être vu comme la brisure de l'équilibre thermique primordial, laquelle met fin du même coup à l'état KMS qui, peut-être, avait dominé l'Univers naissant jusqu'alors.

Reste que cet état d'équilibre hors normes (qui, comme l'a soupçonné Gamow en 1946, a disparu juste après le Big Bang) n'a pu être pleinement réalisé qu'à une époque antérieure au début de l'expansion. Autrement dit, il nous renvoie, d'une certaine manière, à ce qui a pu se produire avant le Big Bang. Justement ! Peut-on aller encore plus loin ? En d'autres termes, est-ce que le satellite Planck pourrait – pour la première fois – nous fournir des indices, des signes, de l'existence de « quelque chose » avant même l'explosion originelle de l'espace, du temps et de la matière ? Avant le Big Bang ?

C'est ce que nous allons maintenant découvrir dans le dernier chapitre. Un voyage qui va nous entraîner bien plus loin que ce que nous pouvons imaginer.

Chapitre 11

Avant le Big Bang ?

Notre voyage au cœur de la première lumière s'achève sur un mystère.

Mais aussi sur quelque chose de passionnant, qui va nous mener au bord de l'inconnu.

De quoi s'agit-il ? D'une observation à laquelle personne, parmi les experts de Planck, n'était préparé. En effet, le 21 mars, les scientifiques ont conclu la présentation de leurs résultats par un aveu troublant. Il y a, au fond de cette lueur des premiers âges, des « anomalies ». Des phénomènes étranges, qui ne coïncident pas avec ce que l'on attendait. D'où ce titre en grosses lettres sur le site du satellite Planck : « L'Univers à grande échelle n'est pas vraiment celui qu'on attendait[1]. » Pour tout dire, ces anomalies sont si mystérieuses que, selon les scientifiques totalement pris au dépourvu, elles pourraient bien nous entraîner jusqu'au bord d'une nouvelle physique. C'est cette possibilité stupéfiante à laquelle fait allusion sans détour Jan Tauber, l'un des théoriciens responsables de la mission Planck à l'ESA, pourtant d'habitude très mesuré dans ses propos publics : « Planck est en train de dessiner une nouvelle image de l'Univers, laquelle nous pousse vers les limites de compréhension des théories cosmologiques actuelles[2]. » Sur sa lancée, il n'hésite pas à franchir une nouvelle étape, encore plus provocatrice : « L'Univers semble plus simple mais, en même temps, plus étrange que ce que nous avions pensé jusqu'ici. Les anomalies au sein de la première lumière nous disent quelque chose de fondamental.

1. http://public.planck.fr/resultats/203-l-univers-a-grande-echelle-n-est-pas-vraiment-celui-qu-on-attendait
2. http://allthelatestnewsonline.com/planck-satellite-creates-most-detailed-map-ever-of-cosmic-microwave-engadget/

Mais nous ne savons pas ce que c'est[1]. » Jan Tauber prend clairement une position avancée. Mais il n'est pas le seul, loin de là. Voici ce qu'a déclaré George Efstathiou, directeur du prestigieux Institut Kavli de cosmologie à l'université de Cambridge, et très impliqué dans la mission Planck dont il est l'un des ténors : « Notre but ultime pourrait être de construire un nouveau modèle qui puisse prédire les anomalies et les relier les unes aux autres. Mais nous n'en sommes pas là et pour l'instant, nous ne savons pas si c'est possible ni de quelle nouvelle physique nous pourrions avoir besoin[2]. »

Tout ceci est clairement résumé dans l'article de la mission Planck consacré aux résultats liés à l'isotropie du rayonnement fossile : « Il se peut que les anomalies statistiques décrites dans cet article soient le signe d'un phénomène physique plus profond qui n'a pas encore été révélé[3]. »

1. http://www.theregister.co.uk/2013/03/21/esa_planck_cold_spot/
2. http://www.messagetoeagle.com/imageoldestlightuniverse.php#.UWorw7-JW_Y
3. http://arxiv.org/pdf/1303.5083v1.pdf

*

Quelles sont donc ces fameuses anomalies qui donnent des sueurs froides aux astrophysiciens ? Nous en avons retenu deux. La plus spectaculaire remet en cause l'un des principes fondamentaux de la cosmologie (et, au passage, ébranle peut-être la théorie de l'inflation selon laquelle notre Univers aurait brutalement « gonflé » dans des proportions gigantesques juste après le Big Bang). Le fait est que ce qu'on a observé donne à réfléchir. De quoi s'agit-il ? D'une mystérieuse asymétrie entre deux hémisphères opposés du rayonnement fossile. Disons pour simplifier que, d'après l'image fournie par le satellite, l'hémisphère Nord de l'Univers naissant est légèrement plus froid que l'hémisphère Sud. La différence est certes légère mais significative. Or, un tel contraste va à l'encontre du bon vieux principe selon lequel l'Univers est le même dans toutes les directions. Le plus troublant dans l'affaire, c'est que cette asymétrie décidément bien encombrante fait clairement apparaître l'existence d'une direction privilégiée dans l'Univers. Si cet axe est bel et bien matérialisé dans notre cosmos, alors le sacro-saint principe, jusqu'ici inviolé, selon lequel tous les lieux de l'espace se valent volera en éclats. Évidemment, une telle conclusion contrarie fortement les prédictions de l'inflation dont le principe consiste, justement, à « lisser » entre elles toutes les parties de l'Univers. Au risque de froisser nombre de ses collègues, Efstathiou a pris soin de préciser dès le 22 mars 2013 : « Il se peut que nous nous soyons trompés et que l'inflation n'ait jamais eu lieu[1] ! »

Toujours est-il qu'il est impossible d'expliquer ce phénomène en l'état actuel sans « tout casser », comme l'avouent d'une seule voix les responsables de Planck.

Et la seconde anomalie ? Elle avait déjà été observée par le satellite américain au début des années 2000. Mais elle est aujourd'hui bel et bien confirmée. Il s'agit d'une étrange « tache froide » située au bas de l'hémisphère Sud. C'est une région de grande dimension, où la température est beaucoup plus basse qu'ailleurs. Là encore, il n'y a aucune explication à ce mystérieux phénomène.

---

1. http://in.reuters.com/video/2013/03/21/space-telescope-reveals-most-detailed-ma?videoId=241778012

Dans les deux cas, nous sommes en présence d'un véritable défi à la physique d'aujourd'hui. Selon les principaux responsables de la mission Planck, cette situation gênante pourrait, à plus ou moins brève échéance, déboucher sur une mise en pièces de ce que nous savons en cosmologie. Mais, au risque de prendre à contre-pied la communauté, nous ne le pensons pas. Tout au contraire, notre idée est que les anomalies pourraient – peut-être – trouver un début d'explication dans le cadre de théories existantes. Si elle va au bout, l'aventure pourrait être fascinante et combler les vides creusés par Planck dans nos théories actuelles.

*

Quelle pourrait être la solution de nature à colmater la brèche ? À partir de maintenant, avançons pas à pas, avec prudence. Le premier pas, nous allons le faire en compagnie de l'astrophysicien George Efstathiou. En effet, ce chercheur respecté entre tous n'a pas hésité, fin mars 2013 (soit juste après la publication des résultats), à dire et répéter quelque chose d'extrêmement important, aux frontières de ce qui est acceptable par la communauté scientifique. Ce qui est malgré tout réconfortant, c'est que jusqu'ici aucune voix de protestation ne s'est levée à l'horizon. Pourtant, Efstathiou n'a pas pris de gants : « Il est parfaitement possible que l'Univers ait connu une phase avant le Big Bang, qui ait vraiment existé, et que l'on puisse suivre l'histoire de l'Univers jusqu'à cette période précédant le Big Bang[1]. » Et comme pour enfoncer le clou, il ajoute : « C'est une physique exotique. Il semble qu'il y ait comme une mémoire gravée aux plus grandes échelles de phases antérieures de l'Univers. »

Déjà, en 1993 – treize ans avant d'obtenir le prix Nobel –, George Smoot avait pris le risque de poser dans son livre cette question prophétique : « Qu'y avait-il avant le Big Bang ? Qu'y avait-il avant le commencement du temps[2] ? » Plus près de nous, en 2013, l'astrophysicien Aurélien Barrau,

1. http://www.euronews.com/2013/03/21/planck-maps-the-dawn-of-time/
2. George Smoot, *Les Rides du temps*, *op. cit.*

de l'université de Grenoble, chercheur au laboratoire de physique subatomique et de cosmologie du CNRS, appartient à cette nouvelle génération qui a le courage de poser la difficile question des conditions initiales. Et c'est sans la moindre hésitation qu'il affirme : « Les questions qui m'attirent aujourd'hui tout particulièrement sont celles de l'"avant-Big Bang" et des univers multiples qui deviennent enfin signifiantes et entrent de plain-pied dans le champ des sciences dures[1]. »

*

Justement : il se peut qu'Efstathiou ait raison et que la solution au problème posé par les anomalies doive être cherchée avant le Big Bang. C'est ce que nous proposons à présent.

Peut-être que certains de nos lecteurs le savent, mais nos deux thèses de doctorat portent justement sur une étude systématique, détaillée, d'éventuels processus qui

1. Aurélien Barrau, *Big Bang et Au-delà – Balade en cosmologie*, Dunod, 2013.

ont pu survenir dans cette phase qu'Efstathiou appelle le « pré-Big Bang ». Rappelons qu'en 1991 (date à laquelle nous avons commencé nos recherches), ce domaine de l'avant-Big Bang n'était pas censé relever de la science. Sans doute faut-il voir là l'une des raisons (sans doute pas la seule) du débat violent – et parfois irrationnel – qu'ont suscité la soutenance puis la publication de nos thèses et de nos articles dans des revues scientifiques à comité de lecture[1]. Or, dès la divulgation en 1992 des résultats du satellite COBE révélant au monde l'image de la première lumière, il nous est apparu – et nous l'avons écrit – que les stries observées dans le rayonnement fossile pouvaient raisonnablement trouver leur source dans un état de l'Univers ayant pu exister *avant* le Big Bang. Ce n'était bien sûr qu'une hypothèse (à considérer donc avec précaution). Mais les résultats du satellite Planck, joints aux commentaires des chefs de la mission, nous incitent à y revenir (sans pour autant abandonner la prudence).

1. *Classical and Quantum Gravity*, 18-21, 2001, http://iopscience.iop.org/0264-9381/18/21/301/

Récapitulons. Nous avons mentionné à plusieurs reprises – dans ce livre et dans d'autres publications – l'état dans lequel s'est peut-être trouvé l'Univers « avant » le Big Bang : l'état KMS.

Au risque de nous répéter, rappelons qu'il ne s'agit pas d'une hypothèse « à la main » mais, de manière bien plus intéressante, de l'état résultant de manière naturelle de l'équilibre thermique dans lequel se trouvait très probablement l'Univers à l'échelle primordiale de Planck. Or, les conséquences directes de l'état KMS ne s'arrêtent pas aux fluctuations de température. Pourquoi ? Parce que la condition KMS (c'est l'autre nom que lui ont donné les spécialistes) impose de fortes contraintes aux systèmes auxquels il lui arrive de s'appliquer. Des contraintes très caractéristiques, invariables, qu'on retrouve nécessairement dans tous les systèmes concernés, sans exception. Parmi ces contraintes, la plus spectaculaire provient de l'existence de ce que les experts appellent « la bande KMS ». De quoi s'agit-il ? En gros, d'un domaine où les données mesurées sont complexes (c'est-à-dire font intervenir des nombres complexes). Pour ne pas perdre le fil, précisons à nouveau qu'un nombre complexe résulte de l'addition d'un nombre réel (par exemple un nombre entier naturel comme 3 ou 8) et d'un nombre imaginaire (par exemple i 2 ou encore i 6). Toujours dans le sillage de cet exemple, nos nombres complexes peuvent s'écrire 3 + i 2 ou encore 8 + i 6. Or, s'agissant de la bande KMS, sa nature complexe (le fait qu'elle soit mesurée par des nombres complexes) nous amène à redécouvrir ensemble une propriété fantastique. Laquelle ? Tout simplement que la bande en question présente deux pôles : un pôle réel et un pôle imaginaire pur. Dans le cadre de notre hypothèse du pré-Univers en état KMS, la bande en question pourrait s'étaler de l'échelle 0 (que les physiciens mathématiciens appellent la « singularité initiale ») à l'échelle de Planck (qui marque le point de départ du Big Bang). À présent, précisons les choses. Au voisinage de l'échelle 0, le temps peut être considéré comme tendant vers le pôle imaginaire pur. Au contraire, au voisinage de l'échelle de Planck, ce sont les valeurs réelles qui dominent. L'étape suivante ? Elle consiste à relier le pôle réel de la bande KMS aux températures les plus élevées et, au contraire, le pôle imaginaire aux températures les plus basses. À partir de là, il est possible que le mystère se dissipe : l'image asymétrique qui a fait le tour du monde pourrait porter, tout simplement, l'empreinte de la bande KMS, laquelle est par définition totalement asymétrique ! Et bien sûr, la conséquence essentielle de cette bande KMS est d'induire l'existence d'une direction privilégiée dans l'Univers.

De ce point de vue, le point froid visible dans le rayonnement fossile pourrait être interprété comme un voisinage de la singularité initiale. En effet, par définition, la singularité en question doit présenter une entropie (c'est-à-dire un « désordre ») nulle. Cette limite d'entropie nulle est atteinte lorsque la température associée est elle-même nulle. Or, les mesures effectuées par les équipes de Planck autour de ce fameux point froid indiquent que sa température est nettement inférieure à tous les autres points du rayonnement fossile.

Peut-être les chercheurs de la mission Planck ont-ils finalement raison. Peut-être que l'étonnante différence observée entre les deux hémisphères de l'Univers trouve sa source avant le Big Bang. Dans ce cas, ce que l'on observe dans la radiation fossile n'est peut-être que l'empreinte de cet équilibre si particulier – un équilibre contrasté – qui régnait dans le pré-espace-temps au tout début du Big Bang, avant même le commencement de l'expansion. Les futurs résultats de Planck confirmeront-ils cette conjecture ?

Peut-être.

Telle est en tout cas la prédiction que nous risquons.

Conclusion

Nous voici au bout de notre voyage.

Mais reste le grand mystère. D'où vient le feu du Big Bang ? Pourquoi s'est-il brusquement allumé au cœur du néant, il y a 13 milliards 820 millions d'années ? Comment se fait-il que cette flamme primordiale soit si homogène – si bien « réglée », au millionième de degré près ? Et enfin, question troublante entre toutes, d'où viennent les mystérieuses « anomalies » ? Cette inexplicable différence que l'on perçoit si nettement entre les deux hémisphères de l'Univers naissant ? Et cette incompréhensible « tache froide » dans l'hémisphère Sud ?

À coup sûr, nous entrons dans une époque révolutionnaire. Car pour la première fois, le satellite Planck nous permet d'entrevoir un début de réponse aux énigmes que pose l'Univers. En 1990, dans notre dialogue avec le philosophe Jean Guitton portant sur Dieu et la science[1], nous avons écrit qu'il est possible d'« appréhender l'Univers comme un message exprimé dans un code secret, une sorte de hiéroglyphe cosmique que nous commençons tout juste à déchiffrer ». De fait, comme l'a écrit à plusieurs reprises George Smoot, le rayonnement fossile fait irrésistiblement penser à une sorte de « code », qu'il appelle d'ailleurs sans détour « l'ADN cosmique ». Cependant, comme nous l'avons régulièrement dit depuis le début des années 2000, le secret de ce code n'existe pas ici. Si l'on espère en trouver quelques fragments, quelques bribes éparpillées ici et là, c'est avant même la naissance de l'Univers qu'il nous faudra aller les chercher. Avant le Big Bang. Ainsi que nous l'avons vu au dernier chapitre, le satellite Planck impose un immense changement. Lequel ? Pour la première fois, des physiciens – pour la plupart responsables

1. Jean Guitton, Igor et Grichka Bogdanov, *Dieu et la science*, Grasset, 1991.

de la mission Planck – commencent à affirmer que la solution à certains des mystères visibles dans la première lumière se trouve peut-être *avant* le Big Bang ! Lorsque nous avons évoqué pour la première fois cette idée en 2004 dans notre ouvrage *Avant le Big Bang*, nous avons déclenché une véritable tempête. Mais aujourd'hui, face aux limites du modèle standard, de nouvelles voies se dessinent. Et nous invitent à chercher la solution au mystère de l'Univers avant sa naissance matérielle.

*

Qu'y avait-il avant le Big Bang ?

Ce qui est absolument certain (comme le pensent tous les physiciens), c'est qu'à cette époque mystérieuse (que George Gamow appelait « l'ère de saint Augustin ») la matière n'existait pas encore. Pas plus que le temps et l'espace. Qu'y avait-il à la place ? Franchissons un instant le mystérieux mur de Planck, marquant le début du Big Bang. Y a-t-il quelque chose de l'autre côté ? En fait, oui. Il existe quelque chose dont on peut retrouver non pas la trace mais le reflet indirect, l'image en ombre chinoise, au cœur de la première lumière. Ce quelque chose, c'est ce que nous appelons *l'information initiale*. Autrement dit, les quantités *physiques* – et mesurables – qui jaillissent à l'instant du Big Bang – l'énergie de l'éclair primordial, sa température, etc. – nous paraissent devoir provenir de quantités *numériques*, qui existaient avant le Big Bang. En somme, avant les choses palpables, mesurées par des kilos ou des degrés Celsius, il a existé quelque chose d'impalpable, que l'on ne pourra jamais toucher. Cette chose, c'est *l'information*. On la mesure à l'aide de ce qu'on appelle des *bits*.

*

Mais à présent, quel est le lien possible entre matière et information ?

Avant d'avancer plus en détail vers une réponse possible, faisons un petit détour par Florence vers la fin de la guerre, en 1944. C'est là que le légendaire physicien allemand Max Planck (fondateur de la mécanique quantique et découvreur de la magnifique constante qui porte son nom) donne l'une de ses plus importantes conférences. Celle-ci porte sur la nature de la matière : « J'ai consacré toute ma vie à la science et l'étude de la matière, et je peux dire ceci en conclusion de mes recherches sur les atomes : il n'y a pas de matière comme telle. Toute la matière est originaire et n'existe que par la vertu d'une force qui cause les particules d'un atome à vibrer et qui soutient tout ce système atomique ensemble. Nous devons supposer derrière cette force l'existence d'un esprit conscient et intelligent. Cet esprit est la matrice de toute matière[1]. »

Profitons de l'élan que nous communique Max Planck pour remplacer le mot « force » par celui, plus facile à discerner, d'information. Comment passe-t-on de l'information à la matière ? Pour en savoir un peu plus, nous proposons de revenir vers un principe saisissant, qui a été découvert en 1961 – et prouvé en 2012 – par un physicien

1. Max Planck, « La nature de la matière », discours à Florence, Italie, 1944 ; *Archives de l'histoire de Max Planck*, rep. 11, n° 1797.

mathématicien américain, Rolf Landauer. Ce physicien expert de l'information, compagnon de pensée de cet autre immense théoricien qu'était Claude Shannon, a passé près de quarante ans au sein d'IBM. Il a dit et répété toute sa vie à qui voulait l'entendre que « l'information est physique ». Que signifie son célèbre principe ?

Tout simplement que dans un système quelconque, lorsqu'on efface un bit d'information, alors l'entropie (c'est-à-dire le désordre) de ce système augmente. Or, ceci implique inévitablement un dégagement d'énergie. Plus exactement, de chaleur ! Le lien est spectaculaire et a frappé des générations de chercheurs plus ou moins sceptiques. Jusqu'à ce qu'il soit prouvé avec éclat en 2012. En effet, à la surprise générale, une équipe de recherche de l'université d'Augsbourg a apporté la preuve expérimentale que tout dégagement d'énergie implique l'effacement irréversible d'une certaine quantité d'information. Le résultat n'est pas mince. Pour certains, ce fameux principe est même l'un des plus importants de ce début du XXIe siècle. En tout cas, il nous permet d'aller plus loin dans notre exploration de ce qui a pu se passer avant le Big Bang.

*

Reposons-nous la question : d'où vient l'énergie colossale qui soudain se déverse dans le vide primordial il y a 13 milliards 820 millions d'années ? Quelle est la source de cette énergie dont nous voyons la formidable trace dans le rayonnement fossile photographié par Planck ?

Le principe de Landauer nous permet de risquer ici une conjecture. Et de proposer – prudemment – un début de réponse. En effet, comme nous l'avons vu, la plupart des chercheurs considèrent aujourd'hui qu'au tout début du Big Bang – c'est-à-dire à l'instant de Planck – le cosmos doit être considéré comme un système en équilibre thermique. Dans ce cas, selon le principe de Landauer (qui trouve ici une application tout à fait naturelle), il est plausible de considérer que cette formidable énergie thermique du début pourrait résulter de l'effacement irréversible – ou plus exactement de la conversion – d'une « information » qui, peut-être, a existé avant le Big Bang. En même temps, cette conjecture (certes fragile mais qui pourrait entrouvrir une voie nouvelle) permettra peut-être d'expliquer pourquoi l'entropie, même si elle est faible, n'est pas nulle au moment du Big Bang (contrairement à ce qui pourrait se passer *avant* le Big Bang, au voisinage de la Singularité Initiale).

Si cette hypothèse se trouve consolidée par les prochains résultats de Planck, alors ce fabuleux satellite aura apporté un indice inattendu en faveur de l'origine de la matière. Une origine « numérique » dont le rayonnement fossile porte peut-être la trace infime.

Soyons tous attentifs à l'histoire merveilleuse qui s'écrit sous nos yeux. Car tout en sondant le passé profond, Planck nous ouvre en grand les portes de l'avenir.

Postface

Je ne tenterai pas de recenser toutes les énigmes que renferment à ce jour ces deux disciplines profondément connexes que sont la physique des particules et la cosmologie. Elles s'efforcent de scruter à la fois la structure profonde de l'espace, du temps et de la matière, et l'origine ultime de notre Univers. Mais les questions émergent tout naturellement. À commencer par celles ayant trait aux préoccupations essentielles.

Les particules dites « élémentaires » sont-elles vraiment élémentaires ? Comment l'Univers a-t-il émergé, y a-t-il eu « quelque chose » avant le Big Bang ? Faut-il modifier la description standard de la naissance de l'Univers ? Les lois de la physique, telles que nous les connaissons, restent-elles valables à l'échelle de Planck ou cèdent-elles la place à des lois plus fondamentales dont nous ne percevons que des images approximatives ?

Quelle que soit la réponse, quelle est l'origine ultime des lois de la physique ? Et ainsi de suite…

Ou encore, si la particule découverte au CERN en 2012 s'avérait être un boson de Higgs différent de celui prévu par le modèle standard des interactions électrofaibles, à quelle nouvelle physique pourrait-elle correspondre ? De quel champ scalaire serait-elle l'expression ?

De même, comment interpréter les données récentes de Planck et d'AMS ? Faut-il suivre un quelconque « modèle standard » ou théorie « à la mode » ? Et s'il s'avère nécessaire de s'écarter de ces modèles et théories, convient-il de rechercher des solutions basées sur quelques légères modifications du cadre existant ? Ou faut-il, bien au contraire, oser entreprendre une nouvelle démarche théorique et phénoménologique ?

Ces dernières interrogations se posent en particulier à propos de la courbure de l'espace et de son rôle cosmologique, avec une incidence directe sur le rôle de l'énergie noire et l'existence même de cette dernière.

Énergie noire, matière sombre et géométrie

S'agissant de l'évolution de l'Univers, la collaboration Planck présente d'emblée l'analyse de ses résultats en termes du modèle dit ΛCDM : Λ pour la constante cosmologique source de l'énergie noire et CDM, *cold dark matter*, pour la matière sombre dite « froide » (lente par rapport à la lumière). Un enjeu majeur est d'expliquer la valeur mesurée de la constante décrivant le rapport entre les vitesses relatives des galaxies et leurs distances : la constante *H*, dite de Hubble, mais dont il serait bien plus équitable d'attribuer la paternité conjointement à Knut Lundmark[1], Georges Lemaître[2] et Edwin Hubble[3].

Dans l'analyse basée sur le modèle ΛCDM considéré comme standard par la collaboration Planck, la valeur de *H* est construite avec pour l'essentiel des apports (qui s'ajoutent) de l'énergie noire et de la matière sombre. Plus de 69 % de l'énergie présente dans l'Univers serait alors de l'énergie noire, et la matière sombre y

1. Knut Lundmark, « The determination of the curvature of space-time in de Sitter's world », MNRAS 84 (1924), 747. http://adsabs.harvard.edu/abs/1924MNRAS..84..747L
2. Georges Lemaître, « Un Univers homogène de masse constante et de rayon croissant rendant compte de la vitesse radiale des nébuleuses extra-galactiques », *Ann. Soc. Sci. Brux.* A 47 (1927), 49. http://articles.adsabs.harvard.edu/abs/1927ASSB...47...49L
3. Edwin Hubble, « A relation between distance and radial velocity among extra-galactic nebulae », PNAS 15 (1929), 168. http://www.pnas.org/content/15/3/168

contribuerait pour 26 % environ. La matière ordinaire, du type de celle que nous pouvons percevoir à ce jour, ne compterait que pour moins de 5 %, et le terme lié à la courbure de l'espace serait très petit. Au point que la collaboration Planck écrit : « *Quant à la géométrie, l'espace est plus plat que jamais !* »

Mais que sait-on vraiment de la matière sombre et de l'énergie noire, ou encore de la contribution de la courbure de l'espace à la valeur de H ? Et dans quelle mesure ou dans quel sens peut-on affirmer que l'espace est « plus plat que jamais » ? Il s'agit de questions essentielles pour notre compréhension de la cosmologie.

Ayant inventé moi-même (avec un collègue du CNRS, Denis Perret-Gallix[1]) un détecteur de matière sombre galactique (le bolomètre luminescent ou bolomètre scintillant[2]) actuel-

1. Voir, par exemple, L. Gonzalez-Mestres et D. Perret-Gallix, *Cryogenic detectors : status and prospects*, rapport sur les détecteurs cryogéniques à la XXIV Conférence internationale sur la physique des hautes énergies (Munich, août 1988), http://scientia.blog.lemonde.fr/files/2013/04/LGMDPGMunichAout1988.pdf (prétirage diffusé à l'époque) et contribution à la rencontre de Moriond de mars 1989, http://ccdb5fs.kek.jp/cgi-bin/img/allpdf?200033910
2. Le bolomètre luminescent mesure simultanément la lumière et la chaleur produites par la particule incidente. Il rend ainsi possible, notamment, un excellent rejet du bruit de fond par l'identification de la particule détectée.

lement utilisé entre autres par l'expérience CRESST[1] au laboratoire souterrain du Gran Sasso[2], je ne peux que souhaiter la meilleure réussite aux expériences de détection directe de ces possibles nouvelles particules. Mais dans la situation actuelle, la circonspection me semble devoir être la règle dans la mesure où aucune expérience auprès des grands accélérateurs n'a pu à ce jour les mettre en évidence.

Quant à l'énergie noire dans sa version actuelle, elle a été introduite pour tenter d'expliquer l'accélération cosmique, expression qui désigne une augmentation avec le temps de la valeur de H. Mais un tel rajout était-il la meilleure option, *a fortiori* sous la forme d'un objet aussi mal compris que la constante cosmologique ? Et si la solution principale résidait, tout simplement, dans une meilleure description de l'espace et du temps au niveau le plus fondamental ? Y compris en ce qui concerne le rôle de la courbure de l'espace dans l'évolution de l'Univers.

1. http://www.cresst.de/cresst.php
2. http://www.lngs.infn.it/lngs_infn/contents/lngs_en/public/educational/physics/experiments/current/cresst/

Vers une nouvelle cosmologie ?

La théorie de l'électron de Dirac[1] et les nombreux travaux qui lui ont fait suite ont conduit au constat que les particules dites « de spin ½ » (moment angulaire interne égal à la moitié de la constante de Planck divisée par 2π) telles que le proton, le neutron, l'électron, le muon, les neutrinos, les quarks… ne perçoivent pas l'espace et le temps de la même façon que nos expériences de laboratoire courantes. Leurs fonctions d'ondes quantiques, des « spineurs » à deux composantes complexes, changent de signe par une rotation de 360 degrés qui, pourtant, est supposée rétablir exactement l'état initial dans notre vue conventionnelle de l'espace.

Le monde des spineurs

La physique théorique analyse les propriétés de la matière à travers des groupes de symétrie qu'elle relie à des lois de conservation. C'est ainsi, par exemple, que l'invariance des lois de la physique par rapport à des translations de l'espace conduit à la conservation de la quantité de mouvement. Il en est de même du moment

1. P.A.M. Dirac, *Proc. R. Soc. Lond.* A 1928 117, 610-624, http://rspa.royalsocietypublishing.org/content/117/778/610.full.pdf

angulaire, associé aux rotations. Lorsque les spins demi-entiers sont pris en considération, au groupe standard des rotations d'espace transformant les vecteurs d'après notre intuition quotidienne se substitue le groupe spécial unitaire SU(2) agissant sur les spineurs. SU(2) « contient deux fois » le groupe de rotations habituel et en constitue une extension directe. À la transformation d'identité du groupe de rotations de l'espace ordinaire correspondent deux transformations de SU(2) : l'identité et la rotation de 360 degrés. Cette dernière laisse invariants les vecteurs, mais pas les spineurs.

Plus précisément, un spineur ξ est formé de deux composantes complexes, α et β :

$$\xi = \begin{pmatrix} \alpha \\ \beta \end{pmatrix}$$

chaque nombre complexe comportant deux composantes réelles :

$\alpha = a + i\,b$ et $\beta = c + i\,d$ où a et b sont les parties réelles, les nombres réels c et d les parties imaginaires et i l'unité imaginaire dont le carré est égal à -1.

Agissant sur les deux composantes complexes du spineur ξ, une transformation de SU(2) laisse invariant le module au carré du spineur, soit la somme des modules au carré de ses deux composantes. Le carré du module d'un nombre complexe étant à son tour la somme des carrés des deux nombres réels (partie réelle et partie imaginaire) dont il est formé. Il s'agit donc de sélectionner les transformations linéaires[1] qui laissent invariante la somme $a^2 + b^2 + c^2 + d^2$. Sont exclues les transformations consistant à multiplier simultanément tous les spineurs par un même facteur de phase complexe[2].

Une transformation de SU(2) peut alors s'écrire sous la forme :

$$U = exp\,[i/2\,(\theta_x\,\sigma_x + \theta_y\,\sigma_y + \theta_z\,\sigma_z)]$$

Le symbole *exp* désigne la fonction exponentielle[3] définie à partir du nombre *e*. Les axes *x*, *y* et *z* correspondent à trois directions de notre espace conventionnel. θ_x, θ_y et θ_z sont les paramètres angulaires de la rotation. σ_x , σ_y et σ_z sont les trois matrices de Pauli :

$$\sigma_x = \begin{pmatrix} 0 & 1 \\ 1 & 0 \end{pmatrix}, \sigma_y = \begin{pmatrix} 0 & -i \\ i & 0 \end{pmatrix}, \sigma_z = \begin{pmatrix} 1 & 0 \\ 0 & -1 \end{pmatrix}$$

1. On appelle linéaire une transformation qui : i) à la somme de deux objets associe la somme des objets transformés ; ii) au produit d'un objet par une constante associe l'objet transformé multiplié par la même constante.
2. Ces transformations forment elles-mêmes un groupe séparé.
3. On définit l'exponentielle d'une matrice par une simple généralisation de la série de puissances habituelle.

Prenant $\theta_x = \theta_y = 0$, U devient une rotation $R_z(\theta_z)$ d'un angle θ_z autour de l'axe z. Pour une rotation de 360 degrés ($\theta_z = 2\pi$), on obtient $R_z(2\pi) = -1$, à savoir :

$$R_z(2\pi) = \begin{pmatrix} -1 & 0 \\ 0 & -1 \end{pmatrix}$$

Un spineur change donc de signe sous l'effet d'une telle rotation. Mais qu'en est-il des vecteurs conventionnels de notre espace quotidien ? À partir du spineur ξ et des trois matrices σ, il est aisé de construire les trois composantes V_x, V_y et V_z d'un vecteur V par de simples contractions matricielles. Par exemple :

$$V_z = \xi^\dagger \sigma_z \xi = |\alpha|^2 - |\beta|^2$$

où $\xi^\dagger$ est le spineur hermitique conjugué de ξ :

$$\xi^\dagger = \begin{pmatrix} \alpha* & \beta* \end{pmatrix}$$

$\alpha*$ et $\beta*$ étant les complexes conjugués de α et β ($a - ib$ et $c - id$ respectivement).

À ce stade, il apparaît clairement qu'un vecteur doit être invariant par une rotation de 360 degrés qui change pourtant le signe d'un spineur : même si α et β changent de signe, tel n'est pas le cas de V_z dans la formule qui précède, $|\alpha|^2$ et $|\beta|^2$ restant inchangés. Les spineurs des particules élémentaires incarnent donc une vue de l'espace plus « fine » que les vecteurs de notre géométrie quotidienne.

Mais si le spineur contient deux nombres complexes et par là quatre nombres réels, n'est-il pas normal d'associer au temps la quatrième variable ? Tel est en effet le cas dans le schéma cosmologique qui suit, le module au carré du spineur ξ, $|\xi|^2 = \xi^\dagger \xi = |\alpha|^2 + |\beta|^2$, étant invariant par rapport aux transformations de SU(2) et, par là, aux rotations de l'espace. C'est le module $|\xi|$, ou de manière plus générale une fonction de $|\xi|$, qu'il est alors possible de choisir en tant que variable temporelle.

Spineurs et cosmologie

Et si le véritable espace-temps à l'échelle cosmologique était basé sur cette structure spinorielle que « voient » les particules élémentaires ? À la différence de notre description courante de l'espace et du temps utilisant quatre nombres réels (le temps et trois coordonnées d'espace), un spineur d'espace-temps comporterait deux composantes complexes avec deux nombres réels associés à chaque nombre complexe. Pourquoi ne pas explorer les possibles implications d'un espace-temps de nature spinorielle ?

Depuis 1996[1], j'ai proposé l'usage à l'échelle cosmologique d'un espace-temps spinoriel, possible légat de l'avant-Big Bang. Le temps cosmique t (l'âge de l'Univers) est, dans cette approche, le module (généralisation de la notion de taille ou de longueur) du spineur considéré ou une fonction de son module (par exemple, le carré de ce module). Notre espace à un temps donné correspond à l'ensemble des spineurs ayant le même module. Une seule échelle physique est disponible : celle du temps qui devient aussi, de ce fait, l'échelle des distances effective.

Dans cet espace-temps spinoriel, la loi $H = 1/t$ est automatiquement obtenue sans aucun apport de l'énergie noire et avant toute introduction de la matière conventionnelle, d'une échelle de distances, d'une vitesse critique, de la relativité, de la gravitation… Résultat satisfaisant du point de vue phénoménologique, puisque les analyses récentes de Planck suggèrent une valeur du produit $H \times t$ proche de 0,96. Contrairement aux équations de Friedmann conventionnelles, le terme associé à la courbure de l'espace est dans ce cas en mesure de produire, seul, une valeur de H

1. L. Gonzalez-Mestres, *Physical and Cosmological Implications of a Possible Class of Particles Able to Travel Faster than Light*, http://arxiv.org/abs/hep-ph/9610474 et articles postérieurs.

pratiquement identique à celle observée. On est loin d'un espace « plus plat que jamais » au sens cosmologique, même si le rayon de courbure augmente avec l'âge de l'Univers.

La loi $H \times t = 1$ est alors d'origine purement géométrique, reflet vraisemblable d'un équilibre profond entre la géométrie de l'espace-temps et une matière ou pré-matière primordiale qui dominerait la structure interne du vide physique (état fondamental de la matière) et dont l'apparition aurait précédé le Big Bang[1]. Un tel constat m'a amené à formuler cette simple conjecture : sauf pour d'éventuelles petites corrections, la relation $H \times t = 1$ constitue la limite asymptotique de l'évolution de l'expansion de l'Univers lorsque le temps cosmique t tend vers l'infini[2].

Il est alors possible d'interpréter l'accélération observée de l'expansion de l'Univers sans recourir à l'énergie noire conventionnelle. Une fois créée à partir d'un milieu plus fondamental, notre matière ordinaire oppose tout

1. L. Gonzalez-Mestres, *Pre-Big Bang, fundamental Physics and noncyclic cosmologies*, contribution à la conférence ICFP 2012, Crète, juin 2012, http://hal.archives-ouvertes.fr/hal-00795588
2. L. Gonzalez-Mestres, *Planck data, spinorial space-time and asymptotic Universe*, 11 avril 2013, accessible entre autres à l'adresse http://archive.org/details/PlanckSST

naturellement (notamment par la force gravitationnelle) une résistance au processus préexistant d'expansion de l'espace. Elle en ralentit de ce fait l'expansion. Mais au fur et à mesure que la densité de matière diminue, cette réaction de la matière conventionnelle s'affaiblit et la géométrie initiale redevient le facteur dominant. Le produit $H \times t$ tend alors à se rapprocher progressivement de sa valeur géométrique $H \times t = 1$, d'où l'accélération observée.

Quant à la relativité, elle restera valable pour la matière ordinaire dans la limite de basse énergie et à des échelles cosmologiques raisonnablement proches de l'observateur. Les confirmations expérimentales existantes de la validité de la relativité restreinte et générale ne sont pas en cause. C'est le cadre global à l'échelle de l'Univers qui change dans cette nouvelle description de l'espace-temps.

Enfin, l'espace-temps spinoriel cosmique permet de définir pour chaque observateur une direction d'espace privilégiée. Associée à la violation de la parité, cette propriété peut conduire à des signatures cosmologiques observables, susceptibles d'être contenues dans les données de Planck.

Une telle limite asymptotique du produit $H \times t$ n'interdit pas l'existence de formes d'énergie noire dont le poids diminuerait en même temps que la densité de matière. Tel peut être tout naturellement le cas dans des approches où la théorie quantique des champs standard ne serait qu'une approximation à basse énergie d'une dynamique plus globale. Les schémas actuels basés sur une constante cosmologique s'en trouveraient profondément modifiés.

Rappelons à ce sujet que le mécanisme dit de Higgs, impliquant la particule (boson[1]) qui porte ce nom, n'est qu'une transposition à la physique des particules d'idées précédemment développées dans le cadre de la physique de la matière condensée. À l'occasion du prix Nobel qui lui fut décerné en 2008 « pour la découverte du mécanisme de brisure spontanée de symétrie en physique sub-atomique » dont le boson de Higgs est l'expression, Yoichiro Nambu souligne dans son autobiographie[2] que ce travail a résulté de son expérience à la fois dans la physique de la matière condensée et dans la

1. La fonction d'onde d'un système de deux bosons identiques reste invariante par l'échange des deux particules (statistique de Bose). Elle change de signe, en revanche, s'il s'agit de deux fermions (statistique de Fermi). Sont des bosons les particules de spin entier (0, 1...) et des fermions, celles de spin demi-entier (1/2, 3/2...).

2. http://www.nobelprize.org/nobel_prizes/physics/laureates/2008/nambu.html

physique des particules[1]. Les particules actuellement appelées « élementaires » sont-elles autre chose que des excitations d'un milieu que nous appelons le « vide » mais dont on sait pertinemment qu'il n'est pas vide[2] ? Raison de plus pour dépasser les « modèles standard » actuels.

La cosmologie basée sur un espace-temps spinoriel n'est sans doute qu'un exemple des possibles alternatives aux schémas du type ΛCDM que les chercheurs peuvent concevoir s'ils acceptent la prise de risques censée faire partie de notre métier. Et si la question de la structure de l'espace et du temps est essentielle, celle de la possible évolution de ces propriétés dans l'Univers primordial l'est également. Tel a été le sujet abordé par Igor et Grichka dans leurs thèses de doctorat.

Et l'inflation ?

Pour s'affranchir de problèmes tels que celui des horizons, la cosmologie standard a recours à

1. Le sujet est abordé en détail dans la leçon de prix Nobel de Yoichiro Nambu intitulée *Spontaneous Symmetry Breaking in Particle Physics : a Case of Cross Fertilization*, http://www.nobelprize.org/nobel_prizes/physics/laureates/2008/nambu-lecture.html
2. Voir aussi ma postface à *La Pensée de Dieu*, d'Igor et Grichka Bogdanov, Grasset, 2012.

un mécanisme *ad hoc* : l'inflation, une phase incroyablement accélérée de l'expansion de l'Univers juste après le Big Bang. Mais la réalité est que les modèles de l'avant-Big Bang permettent d'échapper à ces difficultés de manière plus naturelle. Par exemple, si des constituants ultimes de la matière ont pu avoir une vitesse critique dans le vide très supérieure à celle de la lumière[1]. Ou, tout simplement, si une expansion significative de l'Univers a pu avoir lieu avant la formation de la matière conventionnelle.

D'où l'intérêt d'étudier explicitement les possibles modèles de l'avant-Big Bang contenant à l'origine une dynamique nouvelle, différente de celle qui régit la physique des particules standard. Une approche pionnière dans ce domaine a été construite dans les années 1990 par Grichka[2] et Igor[3], avec un scénario novateur : la transformation d'une métrique (généralisation

---

1. L. Gonzalez-Mestres, *Cosmological Implications of a Possible Class of Particles Able to Travel Faster than Light*, contribution à la conférence TAUP 95, *Nucl. Phys. Proc. Suppl.* 48 (1996) 131-136, http://arxiv.org/abs/astro-ph/9601090
2. Grichka Bogdanoff, *Fluctuations quantiques de la signature de la métrique à l'échelle de Planck*, Thèse (juin 1999), http://tel.archives-ouvertes.fr/tel-00001502
3. Igor Bogdanoff, *État topologique de l'espace-temps à l'échelle zéro*, Thèse (juillet 2002), http://hal.archives-ouvertes.fr/tel-00001503

de la mesure des distances) de l'espace-temps initialement de type euclidien (le temps contribuant à la métrique de la même manière que l'espace) qui devient, à la fin de l'évolution, la métrique standard de la relativité. Dans cette dernière, les carrés des différentiels du temps et des coordonnées d'espace apparaissent avec des signes opposés dans la définition du carré de l'intervalle (généralisation de la notion de distance). À savoir, $ds^2 = c^2\,dt^2 - dx^2 - dy^2 - dz^2$ où le symbole d désigne le différentiel, s l'intervalle, c la vitesse de la lumière, t le temps et x, y et z les coordonnées d'espace.

À l'intérieur de ce type de scénario, qui répond à une préoccupation de longue date des frères Bogdanov[1], il est possible de concevoir une évolution naturelle de l'Univers primordial rendant superflu le mécanisme habituel de l'inflation. À noter que, dès le départ, leur modèle introduit un champ scalaire moteur de la fluctuation de la métrique. Pourrait-il présenter un rapport avec le boson de Higgs découvert au CERN ?

En même temps, le modèle original ainsi développé illustre de manière remarquable une

1. Voir aussi Igor et Grichka Bogdanov, *Avant le Big Bang*, Grasset, 2004.

propriété en réalité plus générale : la métrique de la théorie de la relativité apparaît comme l'aboutissement cosmologique naturel d'un vaste éventail de situations où le début de l'Univers a pu être régi par une autre métrique de l'espace-temps.

Dans le cas d'une métrique euclidienne appliquée à la cinématique des particules, le vide pourrait émettre spontanément des particules. Il s'ensuivrait une instabilité de ce vide qui tendrait à modifier la cinématique d'origine et, avec elle, la métrique dans le nouveau vide. En effet, si l'énergie et l'impulsion obéissaient à l'équation $E^2 + p^2 v_c^2 = m^2 v_c^4$ où E est l'énergie, p l'impulsion, v_c une vitesse critique et m la masse de la particule, le vide pourrait générer spontanément, sans dépense d'énergie, un nombre infini de particules avec impulsion $p = m v_c$. D'où son instabilité.

De même, si des particules supraluminales avec masse et énergie positives et une vitesse critique beaucoup plus grande que celle de la lumière (les superbradyons, dont j'ai proposé la possible existence en 1995) ont pu dominer l'Univers initial, elles seraient instables et censées se désintégrer à terme par émission spontanée de particules ordinaires (effet Tcherenkov dans le vide). De surcroît, dans l'Univers primordial après la formation de la matière conventionnelle, la production de particules ordinaires (avec *c* comme vitesse critique) aurait été très largement favorisée par la cinématique[1]. D'où une très nette hégémonie de la production de ces particules.

Loin d'être un véritable mystère, la structure de l'espace-temps et la cinématique des particules qui caractérisent la relativité restreinte conventionnelle semblent donc constituer la solution naturellement stable pour l'aboutissement de l'évolution initiale de l'Univers dans des scénarios divers. Y compris dans des cosmologies nouvelles susceptibles de se substituer à l'inflation cosmique standard. En même temps, de telles cosmologies peuvent avoir laissé des traces dans l'Univers actuel (superbradyons fossiles[2], signatures cosmologiques…) susceptibles d'être mises en évidence par les voies expérimentale et observationnelle.

---

1. Avec une équation du type $E^2 - p^2 v_c^2 = m^2 v_c^4$ *et* v_c beaucoup plus grand que *c*, l'impulsion d'un superbradyon de très haute énergie serait très inférieure à celles des particules ordinaires de la même énergie. Ces dernières disposeraient alors d'un espace des phases (domaine accessible des valeurs des paramètres cinématiques) beaucoup plus grand.
2. Un superbradyon pourrait cesser d'émettre spontanément des particules ordinaires lorsque sa vitesse serait devenue à peu près égale à celle de la lumière.

Enfin, l'approche cosmologique développée par Grichka et Igor comporte dès le départ une courbure positive de l'espace proche de celle générée par mon espace-temps spinoriel. Cette courbure est donc antérieure au Big Bang conventionnel, et pourrait vraisemblablement donner lieu à des modèles avec une relation entre la constante H et l'âge de l'Univers analogue à celle exposée dans mes travaux. À voir de plus près, de même que les possibles réalisations concrètes de l'insertion de la relativité générale dans ces géométries plus globales préexistantes.

L'avenir

Ce moment exceptionnel ne marque pas la fin des interrogations, mais bien au contraire l'ouverture d'une période de questionnements sans précédent. Un avenir de nouvelles explorations, de création intellectuelle et aussi de controverses plus que jamais utiles, qu'il s'agisse de la cosmologie ou de la physique des particules.

Des données « atypiques » de Planck nous fourniront peut-être l'occasion d'identifier des signatures susceptibles d'être rattachées à des approches alternatives ou d'avant-Big Bang, qu'il s'agisse du modèle cosmologique développé par

Igor et Grichka, de l'espace-temps spinoriel, des superbradyons ou d'autres tentatives de sortir des sentiers battus.

Donnons-nous le temps d'examiner avec sérénité les nombreuses questions ouvertes, sur lesquelles je reviendrai notamment dans mon livre en préparation, *Y a-t-il une affaire Bogdanoff ?*, sans aucune prétention de leur apporter des solutions définitives.

Outre les missions dans la ligne de WMAP[1] et Planck étudiant avec une précision croissante les propriétés du rayonnement micro-onde universel, la recherche d'une éventuelle matière sombre galactique par des moyens divers et les expériences de physique des particules auprès des grands accélérateurs, un quatrième axe de recherche mérite d'être pris en considération. Il s'agit de la détection des rayons cosmiques d'ultra-haute énergie, dont j'ai proposé l'analyse à des fins de vérification des principes fondamentaux de la physique (relativité, mécanique quantique...)[2].

1. Wilkinson Microwave Anisotropy Probe (WMAP), http://map.gsfc.nasa.gov/
2. Pour un exposé actualisé, voir mon article *High-energy cosmic rays and tests of basic principles of Physics*, contribution à la conférence ICFP 2012, Crète, juin 2012, http://hal.archives-ouvertes.fr/hal-00795562/

S'agissant des possibles vérifications de la théorie de la relativité, le *New York Times*[1] a évoqué ma proposition originale avant un travail analogue du prix Nobel Sheldon Glashow (avec son collègue de Harvard Sidney Coleman) qui lui est clairement postérieur[2]. C'est une modeste satisfaction, mais beaucoup reste à faire dans cette direction. Les rayons cosmiques d'ultra-haute énergie peuvent être sensibles à une nouvelle physique générée à l'échelle de Planck, voire même au-delà.

Dans cet article du *New York Times*, Dennis Overbye évoque d'emblée des « doutes sur la relativité », présentation très fréquente de ce type de problématique. Mais pourrait-on raisonnablement parler d'invalidation de la théorie de la relativité si un petit écart s'avérait détectable à des énergies cent milliards de fois supérieures à l'énergie au repos du proton ? La relativité resterait

1. Dennis Overbye, « Interpreting the Cosmic Rays » (31 décembre 2002), http://www.nytimes.com/2002/12/31/science/interpreting-the-cosmic-rays.html

2. L'ouvrage de Lee Smolin, *Rien ne va plus en Physique !* (Quai des Sciences, Dunod, 2007, traduction de *The Trouble with Physics*) attribue à tort au Prix Nobel Sheldon Glashow et à Sidney Coleman mon idée originale suggérant qu'une très faible violation de la relativité restreinte avec un repère local privilégié peut produire des effets observables dans le spectre des rayons cosmiques d'ultra-haute énergie. Voir, entre autres, mon article du 14 avril 1997 : « Vacuum structure Lorentz symmetry and superluminal particles », http:// arxiv.org/abs/physics/9704017

valable dans un très vaste domaine expérimental. L'objectif des scientifiques serait alors de déterminer et comprendre le cadre plus fondamental dans lequel les actuels principes de la physique standard, tels que nous les percevons, trouveraient leur origine. Dans l'approche tentée par Grichka et Igor Bogdanov, la relativité et la mécanique quantique sont générées par l'évolution d'un Univers plus primordial. Quant aux superbradyons, ils ne seraient pas censés satisfaire aux lois de la mécanique quantique au-delà de l'échelle de Planck, voire même plus près de notre domaine expérimental.

Tel est le défi de l'avenir : percer l'origine ultime de notre Univers et des lois de la physique que nous connaissons. Qu'y avait-il avant la matière ordinaire ? La notion même de Big Bang peut-elle être appliquée à la formation de cette matière, ou s'est-il agi de la suite d'un processus déjà en place avant le temps de Planck ? Dans son article fondateur de la théorie du Big Bang[1] en 1931, Georges Lemaître estimait que la mécanique quantique empêche de considérer la notion de temps avant qu'un « nombre suffisant de quanta » ne se soit formé dans l'-Univers. Cette idée a longtemps prévalu, faisant obstacle à la prise en considération de possibles cosmologies contenant une étape antérieure au

1. Georges Lemaître, *Nature*, 127 (1931), 706.

Big Bang. Mais qu'en est-il, par exemple, si la mécanique quantique cesse d'être valable à des échelles proches de celle de Planck ? De même que la relativité, la mécanique quantique peut être l'aboutissement d'une évolution primordiale comme dans les thèses d'Igor et Grichka.

Qu'y avait-il, dans ce cas, avant la matière que nous connaissons et qui obéit aux lois de la mécanique quantique ? Grichka et Igor avancent une hypothèse intéressante : il s'agirait, pour l'essentiel, d'information. Une chose est certaine, quel que soit le modèle de pré-Big Bang que l'on considère : le théorème de Shannon[1] relie entropie et information. À son tour, la mécanique statistique fait de l'entropie une fonction de la température. Il résulte de ces relations que l'évolution de l'Univers vers une température de plus en plus basse s'est accompagnée de la libération d'une quantité croissante d'information.

Les inconnues restent immenses, mais la Science progresse. Puisse la période actuelle marquer le début d'un grand tournant dans notre compréhension de l'Univers et des lois fondamentales de la physique.

Luis Gonzalez-Mestres

1. C.E. Shannon, « A Mathematical Theory of Communication », *The Bell System Technical Journal* 27 (1948), http://cm.bell-labs.com/cm/ms/what/shannonday/shannon1948.pdf

Bibliographie

Livres

Aurélien Barrau, *Big Bang et Au-delà – Balade en cosmologie,* Dunod, 2013.

Igor et Grichka Bogdanov, Jean Guitton, *Dieu et la science*, Grasset, 1991.

Igor et Grichka Bogdanov, *Avant le Big Bang*, Grasset, 2004.

Igor et Grichka Bogdanov, *Le Visage de Dieu*, Grasset, 2010.

Igor et Grichka Bogdanov, *La Pensée de Dieu*, Grasset, 2012.

H.A. Brück, *G.V. Coyne, M.S. Longair (dir.), Astrophysical cosmology ; Proceedings of the Study Week on Cosmology and Fundamental Physics (Vatican City State, September 28 – October 2, 1981)*, Pontificia Academia Scientiarum, 1982.

Sean CARROLL, *From Eternity To Here*, Dutton, 2010.

Peter COLES, *The Routledge Critical Dictionary of the New Cosmology*, Routledge inc, New York, 1999.

L.Z. FANG (dir.), *Quantum Cosmology – Advanced Series in Astrophysics & Cosmology*, World Scientific, 1987.

Donal O'SHEA, *Grigori Perelman face à la conjecture de Poincaré*, Dunod, 2007.

Roger PENROSE, *Que s'est-il passé avant le Big Bang ?*, Vintage, 2010.

Matts ROOS, *Introduction to Cosmology*, John Wiley & Sons, 2004.

George SMOOT, *Wrinkles in Time*, William Morrow and Co, New York, 1994.

George SMOOT, *Les Rides du temps*, Flammarion, 1994.

George Sylvester VIERECK, *Glimpses of the Great*, Duckworth, 1930.

Anthony ZEE, *Quantum Field Theory in a Nutshell*, Princeton University Press, 2003.

Thèses

Grichka Bogdanoff, *Fluctuations quantiques de la signature de la métrique à l'échelle de Planck*, juin 1999, http://tel.archives-ouvertes.fr/tel-00001502

Igor Bogdanoff, *État topologique de l'espace-temps à l'échelle zéro*, juillet 2002, http://hal.archives-ouvertes.fr/tel-00001503

Articles

Igor et Grichka Bogdanov, « Topological field theory of the initial singularity of spacetime », *Classical and Quantum Gravity*, 18-21, 2001, http://iopscience.iop.org/0264-9381/18/21/301/

P.A.M. Dirac, *Proc. R. Soc. Lond.* A 1928 117, 610-624, http://rspa.royalsocietypublishing.org/content/117/778/610.full.pdf

A. Doroshkevich, I. Novikov, « Mean Density of Radiation in the Metagalaxy and Certain Problems in Relativistic Cosmology », *Sov. Physics Doklady*, 9 (23) 1964.

A.G. Doroshkevich, Y.B. Zeldovich, R.A. Sunyaev, *Fluctuations of the microwave background radiation in the adiabatic and entropic theories of galaxy formation. Proceedings of the Symposium*, Tallinn, Estonian SSR, Dordrecht, D. Reidel Publishing, 1977.

L. Gonzalez-Mestres, « Vacuum structure, Lorentz symmetry and superluminal particles », http://arxiv.org/abs/physics/9704017

L. Gonzalez-Mestres, « Physical and Cosmological Implications of a Possible Class of Particles Able to Travel Faster than Light », http://arxiv.org/abs/hep-ph/9610474

L. Gonzalez-Mestres et D. Perret-Gallix, « Cryogenic detectors : status and prospects », rapport sur les détecteurs cryogéniques à la XXIV Conférence internationale sur la physique des hautes énergies (Munich, août 1988), http://scientia.blog.lemonde.fr/files/2013/04/LGMDPGMunichAout1988.pdf (prétirage diffusé à l'époque) et contribution à la rencontre de Moriond de mars 1989, http://ccdb5fs.kek.jp/cgi-bin/img/allpdf?200033910

L. Gonzalez-Mestres, « Cosmological Implications of a Possible Class of Particles Able to Travel Faster than Light », contribution à la conférence TAUP 95, *Nucl. Phys. Proc. Suppl.* 48 (1996) 131-136, http://arxiv.org/abs/astro-ph/9601090

L. GONZALEZ-MESTRES, « High-energy cosmic rays and tests of basic principles of Physics », contribution à la conférence ICFP 2012, Crète, juin 2012, http://hal.archives-ouvertes.fr/hal-00795562/

L. GONZALEZ-MESTRES, « Pre-Big Bang, fundamental Physics and noncyclic cosmologies », contribution à la conférence ICFP 2012, Crète, juin 2012, http://hal.archives-ouvertes.fr/hal-00795588

L. GONZALEZ-MESTRES, « Planck data, spinorial space-time and asymptotic Universe », 11 avril 2013, http://archive.org/details/PlanckSST

Edwin HUBBLE, « A relation between distance and radial velocity among extra-galactic nebulae », PNAS 15 (1929), 168. http://www.pnas.org/content/15/3/168

A.A. KLYPIN, M.V. SAZHIN, I.A. STRUKOV ET D.P. SKULACHEV, « Limits on Microwave Background Anisotropies – The Relikt Experiment », *Soviet Astronomy Letters*, vol. 13, 2, 1987.

A.A. KLYPIN, I.A. STRUKOV et D.P. SKULACHEV, « The Relikt missions – Results and prospects for detection of the microwave background anisotropy », *Monthly Notices of the Royal Astronomical Society*, vol. 258, n° 1, septembre 1992.

D. Larson, J. Dunkley, G. Hinshaw, E. Komatsu, M.R. Nolta, C.L. Bennett, B. Gold, M. Halpern, R.S. Hill, N. Jarosik, A. Kogut, M. Limon, S.S. Meyer, N. Odegard, L. Page, K.M. Smith, D.N. Spergel, G.S. Tucker, J.L. Weiland, E. Wollack, E.L. Wright, « Seven-year Wilkinson microwave anisotropy probe observations : power spectra and wmap-derived parameters », 26 janvier 2010.

Georges Lemaître, « Un Univers homogène de masse constante et de rayon croissant rendant compte de la vitesse radiale des nébuleuses extra-galactiques », *Ann. Soc. Sci. Brux.* A 47 (1927), 49. http://articles.adsabs.harvard.edu/abs/1927ASSB...47...49L

Georges Lemaître, *Nature*, 127 (1931), 706.

Knut Lundmark, « The determination of the curvature of space-time in de Sitter's world », MNRAS 84 (1924), 747. http://adsabs.harvard.edu/abs/1924MNRAS..84..747L

Dennis Overbye, « Interpreting the Cosmic Rays », *The New York Times* 31 décembre 2002, http://www.nytimes.com/2002/12/31/science/interpreting-the-cosmic-rays.html

R.K. Sachs, A.M. Wolfe, « Perturbations of a Cosmological Model and Angular Variations of the Microwave Background », *Astrophysical Journal*, vol. 147, 1967.

C.E. Shannon, « A Mathematical Theory of communication », *The Bell System Technical Journal* 27 (1948), http://cm.bell-labs.com/cm/ms/what/shannonday/shannon1948.pdf

George Smoot, *Science*, p. 890, 15 août 1997.

D.N. Spergel *et al.*, « WMAP Three Years Results : Implications for Cosmology », http://arxiv.org/abs/astro-ph/0603449

I.A. Strukov *et al.*, *Science in USSR*, 4, 1992.

Mise en page : Florian Hue

PEFC/10-31-1316

Achevé d'imprimer : JOUVE - Mayenne
N° d'imprimeur : 2095487L
N° d'éditeur : 4733
Dépôt légal : juin 2013
Imprimé en France